厦门港航标历史文化

XIAMENGANG HANGBIAO LISHI WENHUA

主　编　薛　晗
副主编　王连明　陈俊毅

光明日报出版社

图书在版编目（CIP）数据

厦门港航标历史文化 / 薛晗主编 . -- 北京：光明
日报出版社，2023.7
　ISBN 978 - 7 - 5194 - 7382 - 2

　Ⅰ.①厦… Ⅱ.①薛… Ⅲ.①港口—航标—历史—厦
门 Ⅳ.①U644.35

中国国家版本馆 CIP 数据核字（2023）第 145130 号

厦门港航标历史文化

XIAMENGANG HANGBIAO LISHI WENHUA

主　编：薛　晗	
责任编辑：刘兴华	责任校对：宋　悦　李佳莹
封面设计：中联华文	责任印制：曹　净

出版发行：光明日报出版社

地　　址：北京市西城区永安路 106 号，100050

电　　话：010-63169890（咨询），010-63131930（邮购）

传　　真：010-63131930

网　　址：http：//book.gmw.cn

E - mail：gmrbcbs@ gmw.cn

法律顾问：北京市兰台律师事务所龚柳方律师

印　　刷：三河市华东印刷有限公司

装　　订：三河市华东印刷有限公司

本书如有破损、缺页、装订错误，请与本社联系调换，电话：010-63131930

开　　本：170mm×240mm			
字　　数：155 千字		印　　张：12.5	
版　　次：2024 年 1 月第 1 版		印　　次：2024 年 1 月第 1 次印刷	
书　　号：ISBN 978 - 7 - 5194 - 7382 - 2			

定　　价：68.00 元

序　言

　　航标全称航海标志，是保障海上航路安全、帮助指引航路各类信息的标志。航标设置在通航水域及其附近，用以表示航道、锚地、碍航物、浅滩等，或作为定位、转向的标志等。在水运的初期，船夫渔民仅以天然目标和最简易的标志、标记来辅助航行，例如易于辨认的山峰、岛丘、石堆、岸形、孤树及宝塔等，或者水中插牵引、设竹竿，以在沿岸和礁石上画标记、在重要口张挂旗、燃点篝火或在旗杆上悬挂灯笼的方式进行。

　　厦门港是中国福建省厦门市和漳州市港口，位于中国东南沿海，地处福建省南部、九龙江入海口，是中国沿海主要港口、中国对外开放一类口岸，也是福建省主要出海口之一。为进出厦门港船舶导助航的历史航标，具有很高的历史、科学和艺术价值，是一笔宝贵的财富。这些文物历经战火的洗礼、岁月的磨砺和时代的变迁，但得以完整保护，仍然发挥着导助航作用，为船舶指引航向，实属不易，须倍加珍惜。

　　目前省内外尚未有专门介绍厦门湾航标历史文化的专著，相关内容散落在各种古籍以及全国范围性质的航标介绍中，如《中国航标史》。《中国航标史》的近代部分几乎没有涉及非中国海关管理的航标。长期以来，涉及厦门港水域的助航资料散见于各类书籍、海图中，并且缺乏较为系统的归集、考证，给用户的查阅使用带来诸多不便。本书综合考虑中国海关、外国和其他主体在建造管理航标中的作用，力求描绘出历代厦门航标空间体系的完整图景。借鉴前人对物质文化研究的基本概念和范畴，从相关文献中确定厦门湾航标历史文化的内涵。本书从古籍文献中搜集福建航标历史，并总结航标相关的风俗文化。基于前期课题研究成果，本书汇集梳理各方资料，以期为各类用户提供参考。同时也对丰富古代史、近代史、海上交通史、海关史、中外关系史、航海史、华侨史、海防史及闽南文化的研究，挖掘海丝文化，深化文化旅游内核，具有一定的现实借鉴意义。

编者

2022.6

目 录
CONTENTS

第一章　宋元及以前厦门港航标

一、航路

唐开元二十年，鹭岛形成了村庄和集市，人们称为新城，属江南东道泉州南安县管辖[①]。唐大中元年设行政机构嘉禾里，属清源郡南安县。五代后晋天福四年属清源郡同安县。宋朝时期开始设防驻兵，厦门港作为泉州大港的外围辅助港，岛上设五通、东渡两处官渡[②]。元至十六年，设立军政机构嘉禾千户所。元末，厦门及附近居民开始从嘉禾屿乘船出洋谋生[③]。

相传 800 年前元兵南侵时，南宋幼帝赵昺与丞相张世杰、陆秀夫南逃，经同安渡海从五通渡头登岸，然后取道东渡、嵩屿进入漳州，并由此在当地留下了"圣迹""圣泉""金带水"等民间传说。五通渡也叫五通铺。古时候，官方使用的道路称官道，沿途设站，大站设驿，驿与驿之间每十里设一铺，配备夫役，以便递送文书，接送官吏。宋朝时，在同安大轮山下设大同驿，元代改在县西门，称同安驿，并沿用到近

---

① 邓孙禄，叶志愿. 厦门港志 [M]. 北京：人民交通出版社，1994：80.
② 周凯. 厦门志：卷二 [M]. 台北：成文出版社，1967：25.
③ 邓孙禄，叶志愿. 厦门港志 [M]. 北京：人民交通出版社，1994：1.

代。同安驿经过下尾店、圣林到刘五店，从刘五店过渡，经海程三十里就是五通，再经过蛟塘、莲坂而至厦门城外的和凤宫，共有七个铺，五通渡头是其中之一。五通渡头至今仍可见伸入海中的巨石坡上凿刻的并排四行各十八级台阶，随着潮涨潮退而时隐时现。

二、航标

（一）天然航标

在古代一些山形水势被航海者当作航行的标志。大峰山，即灵通山，位于福建漳州。光绪《漳州府志》载："番船之商，海中望见此山，则喜见闽境矣。"《平和县志》载："番舶之商在大海中望见此山，则喜谓渐闽境矣。"

梁山又称圆山，在漳浦县城。光绪《漳州府志》："梁山亦称梁岳，在县南稍西二十余里，高千仞，盘亘百里，有九十九峰，方舆胜览。"《八闽风土记》载："梁山宏衍北屏，秀丽崇圆，别称圆山，高数百丈，周百余里，华表海东，为闽粤界石。舟行迷海，望见梁山，贾客喜诧指告曰：得粤道矣。"

甲子峰，在漳州华安县。据《八闽风土记》："其西南则天柱山峙焉。挺秀数百仞，蟠屈百余里，主峰曰甲子，峻极青冥，列屏西崦，海舶遥归，指为标望。"

（二）延寿塔

延寿塔，又称南太武山塔，原立于漳州市龙海区尾乡南太武山顶峰，曾是厦门湾航标，为无数航行于海峡的船只作航标，引导它们沿主航道进入厦门湾。今仅存塔基及南宋绍定五年（1232年）所镌"普明延寿之塔"石额一方。现山上仅存一些天然岩石古迹。

《海澄县志》载："陟其巅，近则睹一邑之风景，远则瞻漳、泉之巨嶂，斯闽南之大观也。相传宋少帝昺南奔驻跸于此。"《海岛礁屿和沿海水途》载："外洋有南碇屿。内为太武山与金门北太武山。两塔遥峙，洋船望以为准。南太武山下有澳可避风。"周凯《厦门志》载："有石塔工致，即延寿塔；中可坐数十人，高数仞。海中归帆，望以为标。"清朝杜臻的《粤闽巡视纪略》载："有延寿塔，营搆甚工，可坐十数人，高数仞，海舶望为标的。"

《龙海市志》载："延寿塔在山之巅，建于宋绍定壬辰年（1232年），为四方形七层石塔，高20米，海上归舟，望以为标。宋少帝南奔驻跸于此。塔于1967年战备时拆毁，存塔基残址和绍定壬辰碑额普明延寿之塔。"《龙海市志》收录了明李才咏太武山二十四景，其中有诗句"百丈石迹山高峚，普明延寿塔冲天"。

《龙海文物》中有延寿塔的一张老照片，方塔造型简单，逐层收缩，塔尖为葫芦形，五六个外国人站在塔下合影。延寿塔曾是厦门湾的一处名胜，还有"普明延寿之塔"的碑刻。

龙海隆教乡黄坑村太武山海拔300米处的西坡上古道，有福建南路参政施德政、浯屿山寨把总沈有容、游击将军陈第题诗，其中游击将军陈第题诗《游太武山》："临风清啸共徜徉，东望沧溟思渺茫。古塔嵯峨云不散，故宫寂寞夜偏长。岩头荒草埋仙迹，春尽飞花满佛床。偶尔开尊问卫霍，伫看雄剑挂扶桑"。浯屿水寨把总沈有容有诗句"携尊登眺兴偏浓，景物清恬日色溶。波浪千层翻地轴，风云八卦结天冲。塔边残垒空芳草，泉上悬崖有老松。把剑专从飞将后，壮心直欲扫妖凶"。

《海道图说》① 卷四记载了厦门闽江间航路："浯屿与镇海角间有露石，大潮即隐，自此石视镇海角为南又西一分之向，视南大武山塔为西西北之向。"

清代闽人林树梅的《闽海握要图说》是清代闽省海疆史研究的代表作。《闽海握要图说》② 载："南为冬瓜屿，外洋有南碇屿，内为太武山与金门北太武山，两塔遥峙，洋船望以为准。"

《中国海岸线图（从珠江至扬子江）》中在泉州部分有姑嫂塔（Pagoda），在福州部分有金山塔（Pagoda），在漳州部分有南太武山塔（Nantai Wushan Pagoda）。

美国国会图书馆藏《海疆洋界形势全图》③ 绘于清乾隆 1787—1801年间，由六幅地图组成，自图右展开至图左，图题依次如下：环海全图、七省沿海全图、琼州图、澎湖图、台湾图、台湾后山图。传统长卷沿海舆图分两式，陆地为上或海洋为上，依其所处位置与用途而定；而本图陆地为上，海洋为下，不采固定方位，主要是反映相对的地理位置。图中沿海山川、海岸、岛屿、礁石、沙洲、港湾等地理景观一一标示，也注记府、州、县、城镇、村落、营汛等人文景观的标志。图中未标图例以立体城堡型符号或圆塔形符号表示府、州、县或卫、所、村、镇等行政建置；另以概括的形象绘出山海关、长城和部分桥、塔、炮台等。每幅图后加附一段注记文字描述山川地貌、军事布局，说明有关海防、水情、航道、锚地等情况。在卷首注文"海阳非可与江河同论也"中"阳"字疑笔误。在南太武山绘有一座塔，而金门的北太武山也有

---

① 卢建一, 点校. 明清东南海岛史料选编 [M]. 福州：福建人民出版社, 2011：56.

② [清] 林树梅. 啸云诗文抄 [M]. 厦门：厦门大学出版社, 2013：128.

③ 林天人. 皇舆搜览美国国会图书馆所藏明清舆图 [M]. "中央研究院"数位文化中心, 2013：324.

一座塔，两者遥遥相对。另外还有一幅美国国会图书馆所藏《海疆洋界形势全图》，本图与上一幅《海疆洋界形势全图》的区别，在于卷首注文为"海防非可与江河同论也"，无误。另外，此图未出现石巩塔，上一幅《海疆洋界形势全图》绘制有石巩塔。此图上绘有南太武山塔。

《中华沿海形势全图》绘于清乾隆 1787—1801 年间[①]。还有多幅图与此图大体相同，绘制风格极为相近，只是图名称略有不同，如《七省沿海图》《沿海全图》《盛朝七省沿海图》《七省沿海全洋图》和《沿海疆域图》等。其中绘有南太武山塔。

《海国闻见录》为清水师提督陈伦炯作于雍正八年（1730 年），是中外海洋文化史上影响甚远的一部综合性海洋地理名著，收入《四库全书》。该书分上下二卷，下卷地图 6 幅，包括四海总图、沿海全图、台湾后山图、澎湖图、琼州图等。其中绘制有南太武山塔。

中国国家图书馆收藏的一套《海口图说》[②] 由卫杰于清光绪十七年（1891 年）主持编制而成。中、下两册为地图，包括"总图""大沽口图""山东海口图""运河口图""吴淞口""浙江海口图""闽峤海口图"和"海南岛图"等，共计 53 幅。

清《七省沿海全图》的图后记中摹者金保彝称："此卷为赤城洪氏家藏，同郡杨君仲甫得其稿以示余……余因亟为摹出与《筹海备要》一书共相参看，不特为图书之珍玩已也"。摹绘时间为"光绪辛巳七年（1881 年）仲秋上浣，江阴金保彝摹"。

在清代道光四年（1824 年）之前所绘的《厦门舆图》中，虎仔山上的石塔立于山巅之上。地图视域范围内北到同安县城，南达漳州南太

---

① 浙江省测绘与地理信息局编. 浙江古旧地图集：上［M］. 北京：中国地图出版社，2011：52.

② 四川省剑阁县志编纂委员会编纂. 剑阁县志［M］. 成都：巴蜀书社，1991：785.

武及更南的南桎岛，西及狮山及福河船厂，东至东桩岛外洋。嘉庆七年（1802年）所筑大担屿二城寨及小担寨，此图中大担岛可见当时已建有武馆、炮台、炮台汛、墩台、瞭望楼等，可推测此图绘于1802年后。1810年《厦门周边地图》中的大担岛仅建有二石寨，金门城详细绘制了各种营汛等海防建筑设施。说明厦门舆图的大担岛的除了二石寨之外的其他海防建筑设施，是在1810年之后建造的。可以推测此图绘制时间在1810年以后。图中青屿一带注记"青屿水深港阔"，根据道光《厦门志》卷五载，道光四年（1825年）后"皆寄淀外洋，随时驱逐"，可推测此图绘于1810—1825年之间。此图与同时期的《厦门志》《金门志》存在图文互为印证的关系。舆图上印有地名的英文，这是之前国内舆图、海图、海防图等所不具备的独有特色。分别是鼓浪屿上印有"koolongsu"、金门岛上印有"Quemoy"、厦门城上印有"Amoy"。这与图中的"夷船"和番仔楼，以及《清史稿》中当时福建水师提督王得禄列传中"二十一年，英吉利犯厦门，命驻守澎湖"，得知当时英国人已来华交流。

（三）毓秀塔

毓秀塔在漳平市永福乡吕坊溪和李庄溪汇合处，取"钟灵毓秀"之意。毓秀塔始建于宋末（1279年）[①]，原为木结构，明末毁于火。乾隆四十三年（1778年）重建，三合土结构，平面方形，七层，楼阁式。顶冠葫芦，淳风朴雅。塔与附近马祖宫、观音寺相连。乾隆四十三年（1778年）恩贡生陈道临例贡陈联三等倡建，砌石七层[②]。

毓秀塔塔高22米，塔身除开券顶门外，还辟有圆形、八卦形明暗窗，并绘饰人物故事、花鸟虫草等图案。塔基座以花岗石砌筑，四周围

---

① 顾延培，吴熙棠．中国古塔鉴赏［M］．上海：同济大学出版社，1996：269.
② 吴长锦，漳平一中．晚晴［M］．漳平：漳平一中，2007：153.

以石栏。该塔与近处的妈祖宫、观音寺、燕溪桥等名胜古迹连在一起，相映成趣。每逢农历三月廿三妈祖诞辰日，妈祖宫、观音寺、燕溪桥、毓秀塔必举行大规模祭典活动。漳平毓秀塔、云霄石矾塔、厦门埭头塔等均有导航的作用①，为古代闽地贸易做出了相当大的贡献。

清朝林得震《游毓秀塔》②诗曰："半日天晴客趁闲，寻幽兴到访禅关。横桥锁合双溪水，孤塔撑齐四面山。僧院苔痕疏雨后，人家树色夕阳间。蓝庵薄暮闻钟磬，归路仍沿碧渚湾。"江斌《赞永福花乡》③诗曰："三重岭后花果香，毓秀塔前水流芳。天上人间数永福，古迹新姿醉游郎。"

（四）婆罗门塔

婆罗门塔，又名西安桥塔，位于福建同安区大轮山梵天寺钟楼后，距城关约1千米。原在同安区西安桥头，故又名西安桥塔。据《同安县志》记载，北宋元祐年间（1086—1094年）④同安县人许宜、释宗定建西安桥，并镇以石塔四座，桥头桥尾各两座。此即其中之一。1957年根据历史学家郑振铎建议，迁至现址。

同安婆罗门塔是研究宋代婆罗门教及其建筑艺术的实物资料。同安西安桥头的婆罗门塔等有的塔身也雕刻有佛像，其用意应是借佛祖神灵之威来镇邪煞怪，祛除水患，镇风护塔，客观上起到了美化桥梁、导路导航的作用⑤。

---

① 孙群. 福建遗存古塔形制与审美文化研究 ［M］. 北京：九州出版社，2018：80.
② 漳平市地方志编纂委员会整理. 漳平县志 ［M］. 武平县方圆印刷有限责任公司，2002：390.
③ 杨明主编. 龙江花潮花乡文学作品集 ［M］. 北京：中国文联出版社，1998：107.
④ 国家文物事业管理局主编. 中国名胜词典 福建、台湾分册 ［M］. 上海：上海辞书出版社，1981：16.
⑤ 游建胜. 海洋功能区划论 兼论福建省海洋资源环境与海洋功能区划 ［M］. 北京：海洋出版社，2004：116.

第二章 明代厦门港航标

一、航路

1387 年，为防御倭寇入侵，江夏侯周德兴筑城于此，号厦门城，寓祖国大厦之门的含意，从此厦门的名字载入史册。同时也修建了五通寨，屯兵防守。厦门城隶属福建都指挥史司。郑成功时期为巩固厦岛防御，又拆高浦寨城垣以加固五通寨。清时此地设有绿营兵汛地——五通讯，并筑有炖台、瞭望台。

厦门港和漳州月港成了海上走私贸易的主要口岸，海上交通初具规模，已有 10 条通洋航线。明隆庆五至万历八年（1571—1680 年），由厦门港和月港开往菲律宾的中国商船每年有 30—40 艘，每年进出口价值 150 万元左右。明代的《顺丰相送》和《指南正法》记录了厦门通往马来西亚、泰国、印度尼西亚、菲律宾、新加坡、越南等地的针路[①]。传抄自 15 世纪的古本，辑录自月港门户浯屿、太武出发地往西洋针路 7 条：浯屿至柬埔寨，浯屿至大泥、吉兰丹，太武至彭坊，浯屿至杜板，浯屿至杜蛮、饶潼，太武、浯屿至诸葛担篮，太武、浯屿至茗

---

① 刘义杰. 一带一路系列丛书 顺风相送研究［M］. 大连：大连海事大学出版社，2017：386.

维。往东洋针路 3 条：太武至吕宋，浯屿至麻里吕，太武至琉球。明代的《安南图志》《筹海重编》《海防纂要》《东西洋考》也记录有中国通往日本的主要航线。

据明代万历年间龙溪人张燮所着的海上交通史名著《东西洋考》记载，明代从月港出发的海上航线有 18 条，与东南亚、南亚和东北亚等 47 个国家和地区有直接贸易往来的商船数至少有 300 多艘次。月港商人还以菲律宾群岛和南洋群岛的其他地方为中继站，直接与西班牙、葡萄牙、荷兰、英国等欧洲国家进行交易，航线与欧洲各国开辟的新航路相连接，形成当时世界唯一一条环球贸易航线。"东洋针路"所记述的主要是中国到菲律宾的航路。在第一条航线即太武山至吕宋港航线中，太武山至沙马头澳一段在中国境内。太武山在福建省厦门对岸的镇海角上，今属龙海市，明代从泉州或漳州出洋，以此为航运始点。这段航线途经的澎湖屿和虎头山，即今之澎湖列岛和高雄港。沙马头澳（亦称沙马岐头）即今猫鼻角（亦称猫鼻头）。

月港位于漳州东南的龙海区海澄镇，《福建通志》载："月港，外通海潮，内接淡水，其形如月。"月港兴起于明景泰年间（1450—1457年），盛于明万历年间（1573—1620 年），衰落于明天启年间（1621—1627 年），终止于清康熙二十三年（1684 年），厦门成立海关。月港与泰国、柬埔寨、北加里曼丹、印尼、苏门答腊、马来西亚、朝鲜、琉球、日本、菲律宾等 47 个国家与地区有直接商贸往来。又以菲律宾吕宋港为中介，与欧美各国贸易。当时有许多诗篇赞美月港，徐兴公的《海澄书怀寄能始茂之二十韵》："旧曾名月港，今已隶清漳。东接诸日本，南连百粤疆。"

马銮古渡口遗址，2018 年底在厦门市海沧区东孚街道东瑶村和贞岱村交界处被发现。随后，地方文物保护单位和专家对遗址进行了初步调研，认为该处遗址属于明代建筑，具有较高文物价值，是海丝文化珍贵遗存。该处古渡口遗址位于东瑶村东部村口后头坪至贞岱村之间，由古埭（堤坝）、古码头、古桥（海水闸门）和护堤组成。外侧堤岸以长条石砌筑，有较深的航道，成为马銮湾西港最主要的海运和水陆交通节点。

二、航标

在厦门港至诏安沿海航区，龙海南太武山的延寿塔，九龙江出海口的圭屿塔（又称鸡屿塔）、漳江出海口云霄港的石矾塔、东山港口塔屿（东山屿）的文峰塔、诏安港口玄钟城的湾塔、腊洲北面麒麟山的祥麟塔等①，都是明代闽南沿海贸易繁盛时期在港口所建的导航标志。

福建较早成为航海标志的塔有北宋政和年间（1111—1118 年）建成的长乐圣寿宝塔（现三峰寺塔）及六胜塔，其后建造的罗星塔、关锁塔、溜石塔、延寿塔、圭屿塔、塔屿塔等，莆田湄洲岛的"妈祖庙"也是古代重要的航行标志②。

晋江安海镇安平桥头的白塔和桥两侧的五塔、同安西安桥头的婆罗门塔等是为着同样的目的而修建的。这些塔有的塔身也雕刻有佛像，其用意应是借佛祖神灵之威来镇邪煞怪，祛除水患，镇风护塔，客观上起到了美化桥梁、导路导航的作用。含有相同寓意和作用的是在海边建造的一系列镇海塔。泉州三大水口塔溜江塔、石湖塔、宝盖关锁塔，另有泉港的圭峰塔、石狮星塔、晋江的牛尾塔、江上塔、诏安县腊洲塔、同安的东界石塔、厦门凤屿石塔、云霄县的石矾塔、东山塔屿上的文峰塔、龙海市南太武山上的延寿塔等。这些塔除了被人们寓以镇海保民作用之外，更重要的作用当是航标导航。

---

① 建省轮船总公司史志办编. 福建水运志［M］. 北京：人民交通出版社，1997：117.
② 张林森，张君旭，林立飞，等. 福建水运志［M］. 北京：人民交通出版社，1997：107.

（一）虎山塔

虎山塔，又称塔仔尖、宝塔尖。虎仔山的最高峰古时建有石塔，万历初建成①。明嘉靖二年（1523 年），店里人林毅峰"募众重建"，嘉靖四年（1525 年）建成。"及二十一年（1542 年），雷灾。至万历间，雷又灾，重修"。嘉靖二十七年（1548 年），虎山石塔再次得以重建，二十一都"文风日盛，历科有征"，但是，"越十余年，轰雷半折"。

虎山也叫旗山，光绪进士叶大年在《题龙湫亭割石》中有诗句称其为旗山："阚如哮虎名兹山，亦曰旗山辑邑志"②。万历元年（1573 年），孙用中举行重建虎山石塔的仪式，写了《柳塘志》中的《重修旗山凌云塔祭文》："万历元年十二月廿九日辰时，庠生孙用中谨以太牢举行事者，夫人钟山岳而生者，亦唯人补神功之阙粤。自乾坤辟而旗山莫焉，远机关山作通部之巨镇，迩邻泰岳萃万彙之精英，东南挹湖海之精，西北衍平原之势，特其上少峥嵘，故发祥未大。古人建塔其上，盖因神功之辟，而赞之耳，其兴也。吾不知其何始，气坏也。吾不知其何时迤者。嘉靖戊甲重建，文风曰省，历科有征，既而越十余年，轰雷半折，士之试者，竟无成名，岂吾都文运适否。故使斯塔之坏，与今众论朋囚，咸欲仍旧而再鼎之。卜时日，具牲牷，用告于尔神明，伏乞山岳鼎劲，灵运神功，以默相使人心响和龃。既镇一方，其神必灵。"塔成之后，其族亲孙时柄亲游石塔，写下《游凌云塔》诗一首："追欢此日共陶陶，越壑穿岩忍恨劳。饮马眼空三岛上，出头身傍九霄高。千峰踏遍狂偏甚，百盏呼来兴转豪。尽醉莫教尘迹渺，凌云度处一挥毫。"

---

① 厦门市湖里区政协文史委员会. 湖里文史资料：第 6 辑［M］. 2001：12.
② 刘瑞光，中共厦门市委宣传部，厦门市社会科学界联合会. 厦门故迹寻踪［M］. 福州：海峡文艺出版社，2018：356.

　　清朝朱元正的《福建沿海图说（附海岛表）》载："厦门港礁石极多，均经海关，或植标杆，或建小塔，易于驶避。进港处有礁石，曰内门限、外门限，亦置有浮筒……虎屿在腊屿东北五分里之三，上有石塔。"

　　清代虎山石塔已经历久无修，至民国时，更是年久失修，至于石塔是在何时最后一次倒塌，已经没有人注意了。曾有地图上标注"虎仔山显著塔高 7 米"，这是关于虎山石塔高度最具体的记载。到了 20 世纪 50 年代，石塔的塔基被山上的部队拆作他用。关于石塔的形状，当地老人说，曾见过倒塌后的六角形塔基而已。

　　1748 年法国巴黎出版的《航海通史》（第 19 集）一书中讲述了 1663 年荷兰东印度公司舰队和清军联手从郑成功的儿子郑经手中夺取厦金两岛的历史。书中收录了由 18 世纪法国制图学家和水文学家雅克·尼古拉斯·贝林绘制的厦门港法文地图，名为《漳州湾及厦门岛、金门岛地图》，图上有虎山塔。

　　1753 年德国人将《航海通史》翻译成了德文，并将厦金海域法文地图翻译成了德文，仍译为《漳州湾及厦门岛、金门岛地图》。在厦门岛上偏北部画了一座位于虎山上的塔，图现藏于香港科技大学图书馆。

　　1810 年绘制的《厦门及邻近地区地图》，包括厦门、金门以及沿海城市泉州的岛屿和居民点，显示了主要的防御工事、定居点、锚地和航道，是 19 世纪早期厦门港及其周边地区的重要手稿地图。其中绘有虎山塔。

（二）文峰塔

　　文峰塔，又称文公塔、东屿文峰，建于明嘉靖五年（1526 年）[1]，

---

① 孙群. 福建遗存古塔形制与审美文化研究［M］. 北京：九州出版社，2018：197.

重要的作用当是航标导航①。塔为 7 层，高 9.6 丈（32 米），座围 4.2 丈（14 米），位于东门屿顶峰，故又称"东屿文峰"，为周围海域的航行标志。郑成功曾在附近海面操练水师，即以此塔导航。明嘉靖五年福建巡海道蔡潮到东山巡视，得知东门屿附近无风也起三尺浪，沉船海难经常发生，遂决定为了往来这一带海域船只的航行安全，在屿修建石塔作航标。清朝朱元正的《福建沿海图说》载："塔屿，东西并列三峰，西峰最高上有小石塔。"

文峰塔为密檐式实心石塔，呈八角形，形如八卦；从第二层起，八面均有一幅浮雕，其中慈佛端坐。自建塔四百多年来面对凛冽的海风而泰然自若，处激浪烈风之中尚觉镇定。塔顶由两个葫芦状石头叠成。据载："峰突出如龙头，塔势矗立云表，为海域航行的标志。"

明文三俊《东屿文峰》②诗曰："突兀危峰耸，浮屠砥海东。草庐徵啸咏，石艇自玲珑。蜃飞百川外，龙腾万壑中。云雷过日夜，不变摩苍穹。"

（三）龙文塔

龙文塔位于福建省漳州市龙文区步文镇鹤鸣山，是漳州古城的标志性建筑。该塔建于南面城墙西隅龙文山上，据漳州府县志记载称：明嘉靖乙未年（1535 年）知县刘天授建石塔其上，后又废，清雍正十年（1732 年）重建③。

龙文塔共有七层，花岗石砌成，塔身呈八角形，每层有檐露出。第

① 刘永路，唐进. 万里海疆话古今［M］. 沈阳：辽宁人民出版社，1989：281.
② 黄江辉. 海韵东山［M］. 福州：海峡文艺出版社，2009：114.
③ 中国人民政治协商会议福建省漳州市芗城区委员会会文史资料委员会. 漳州芗城文史资料：第 1 辑（总第 19 辑）［M］. 1991：49.

一、二层有弧形隧道式石门各二个，第三层以上各层砌实不设门。与八卦楼是漳州古城的标志性建筑。该塔建于南面城墙西隅龙文山上，据漳州府县志记载称：明嘉靖乙未年（1535 年）知县刘天授建石塔其上，后又废，清雍正十年（1732 年）重建。塔下有"憩园"，园中遍栽桃树，每逢桃花盛开，姹紫嫣红，吸引许多游人前来游塔观赏。龙文塔几经废立，如今新龙文塔现已迁建于龙文区。近年来，龙文区人民又在龙文塔下，规划建设了以龙文塔为中心的龙文园艺观赏园，观赏园占地面积约 4 万平方米。由两馆一园一水面构成，与附近的闽南第一碑林，福建省省级风景名胜区云洞岩，全国重点文物保护单位宋代巨型石梁桥江东桥、万松关等名胜，连成了漳州东郊的一处名胜旅游区。

明朝万历版《漳州府志》①地图上，可看到龙文山与虎文山都坐落在漳州府城西南，毗邻龙溪县文庙、县学。高塔耸立之处，便是龙文塔。明朝时期的漳州地图，左下角塔形标志即为龙文塔。

清朝时期的漳州地图，龙文塔仍在西南角。

（四）威镇阁

威镇阁俗称八卦楼、八角楼，坐落在漳州战备大桥桥头左侧。早期建于万历六年（1578 年）②，是把漳州古城城墙东南角楼改建而成的八角形三层木结构楼阁，题名威镇阁。因八面开窗，取象八卦、雄伟壮观，故又名八卦楼。当时楼上有副对联云："五名山，两秀水，城外风烟连海峤；真七儒，三及第，漳州文献甲闽瓯"，是对漳州重建八卦楼，先砌石为基（与城墙齐高），然后在基石上重建八角三层楼阁，高出城墙 6 丈有余（约 20 多米）。威镇阁"遭海氛而阁煅毁"，清乾隆二

① 蔡乙鹣主编. 风华龙文［M］. 福州：海峡文艺出版社，2009：76.
② 江焕明. 丹霞萃金 漳州古城史迹考［M］. 厦门：厦门大学出版社，2014：7.

年（1737年）漳州知府刘良璧主持重建。乾隆《龙溪县志》卷二十四《艺文》中的《重修丹霞书院及威镇阁碑记》，乾隆二十四年（1759年）知府蒋允焄主持修建威镇阁。乾隆二十二年及二十四年两次雷击，威镇阁有损坏，知府蒋允焄重修。

1997年4月完成建设蓝图，7月底开工。1998年元月，漳州威镇阁重建落成，威镇阁楼上设芗城区灯谜艺术馆。楣额"威镇阁"三个字是书法家启功所题，门两侧是一幅木刻楹联"威震重发扬正气，春灯焕彩展文风"[1]，二楼东边墙上挂着清末民初谜家张起南书写的一对楠木楹联"山作惊涛时杂云起，辉生明月可沁诗心"，馆内收藏有国粹一号端砚。

采人蒋允焄《重修丹霞书院及威镇阁碑记》："郡东南隅于六子之位为巽，于象为文明，顾其势稍洼。陷阴阳之所蔽配北，不无借于人功之补救矣。万历六年，太守罗公青霄、司马罗公拱辰即城为基，架阁其上，额曰威镇，与西北之威镇亭封峙。遭海氛而阁毁。乾隆二年，太守刘公良璧重建，砌石为址，层累而上，高六文有奇。崇隆巍嵽，欲接云汉，文明之象，至是而焕然矣。复意文峰既植，必有应象而兴者，乃相阁之旁，地广可数亩，围百十弓为书院，中祀朱子。院面雉堞，附堞建魁星楼，右为牛月楼，后太守金公溶构讲堂书舍观察。张公复扩一区，置楼其上，经营措置，可谓周详。顾地为郡城名区，花晨月夕，选胜者多临眺于此地，既广而道复，四达游踪，杂沓不可遏绝，潜修者病焉。余屡欲限之以垣，而力有所未暇。岁丁丑雷震威镇阁已。卯复震而阁遂有旁风上雨之虞，余思及时不茸，久且溃而难擎也。爰斥俸鸠金，取旧阁而修之，加以髹彤缋藻复，并及书院，规制之未备者，于讲堂右更建一堂，

① 陈侨森，李林昌.漳州掌故［M］.福州：福建人民出版社，2003：263.

额曰海滨洙泗，前后增书舍数区，院之前有堂，可数十亩，为筑石垎，以防水之啮蚀而终缭之。以女墙以障内外，董其役者，为主事王君材进士，郑君蒲既竣事，不可以无言乃进，诸生而告之曰郡，自朱子过化以来，名贤硕士，蝉联踵接，其亲受业而得其心传者，莫如此溪，考郡志，比溪上赵寺丞移学书中，有形胜及关镶风气，龙臂虎背天融地结之说，盖相阴阳，观流泉，古之人已，行之虽大贤大儒不以为诬，然则阁为文明之位，不可以废其说，有合于北溪所云，高明正大之功，非徒形象之趋吉求祥巳也，尔多士生，当先儒诞育之区复值。圣世文教休明之日当必思自奋，为继往开来之彦，则北溪之读书格物，下学上其则不远，可寻绎玩索而得其指归，以期于内圣外王，有体有用之学，固无事余之醇醇矣。"

清朝金溶的《重修八卦楼丹霞书院碑记》记载了："八卦楼，当城东南，其始建于明万历六年（1578年）。太守罗公青霄与司马罗公拱宸，以东南巽方洼陷，不可无突起之峰，而巽于卦位，离明所由进也。迨海氛兵火以来，残基遗迹亦塌为平壤矣。乾隆二年（1737年），嗣守刘公良璧相势度形，与绅士王公材等谋新之。培石而上，基与城齐。三屋八面，漳之胜可周览得也。因其下有深池绵亘，夹以旷地，遂于池之西构书院，中祀朱子，额曰'丹霞书院'。盖以应文明之兆云。书院隔池遥对为魁楼，由魁楼逦迤而北为半月楼，取月之恒亦渐进而明之义也，与八卦楼参差峙。工成，萃英才于中，延有文行者主师席焉。然而书舍无多，来学者多受业而肆于家。十年夏，余以台臣出守是邦，循行至此，思有以扩之，未暇也。明年秋，乃鸠工取材，于祠之左为讲堂三间，翼以两庑，而玲珑其垣。又左为书舍，相向各四，而旷其庭以增肄业之所。浚池以绕其旁，买地以纡其径，作桥以跨其岸，作小艇以溯流上下。其际堤杨，丛竹嘉植，名花森立。凡三月告成。周而览之曰：苟完矣。然则四时之景不同，晦明风雨之态各别，士之游于斯，憩于斯，诵读于斯，当有以触其道机，而长其文思也乎？抑余更有进焉者。漳自朱子过化以来，文风几甲天下，而理学、经济清介、节义之行，正不乏人，要以自立志树品。始尝阅黄石斋《邺山讲仪》有云：其有不忠不信者，不在此位也；其有入不孝、出不弟，漫游是好者，不在此位也；其有便僻、善柔、骄谄、佚乐、托文章以败善类者，不在此位也；其有放利而行为阳矫以希攀缘者，不在此位也；其有称人之恶以汗为直，居下流而讪上者，不在此位也；其有逾闲越简，不衣冠而遨市井者，不在此位也；其有凌侮鳏寡，取非其有，好兴讼以扞文纲者，不在此位也。旨哉斯言！典型尤在，多士其何以追前哲而挽颓几乎。夫礼贤育才、训方型俗者，长吏之责也。申讲论，严功课，俾有德有造者，师儒之责也。乃若礼让，行自贵民，风式于士，各谕其宗族乡党，俾蒸蒸然群黎遍德者，诸缙绅先生与多士亦与有责焉。兹因绅士之请而书此，还期共勉，以奏文明之治云。统先后言之，其董事经费则王公材，其题捐姓名则另载，其地界所至租税出入，则勒诸碑后。"

民兴银行业务以代收税款、代发军饷为主，兼营存款、放款和汇兑等。并发行面额为1角、2角、1元、5元和10元五种纸币。主币1元、2元、5元为横式，币面图案是漳州名胜威镇阁，即八卦楼。

日本国立国会图书馆藏《福建海岸全图》具有丰富的福建海岸军事地理的历史元素，是研究明末清初福建沿海地区的军事防卫及海丝之路的珍贵权威的文献史料，是福建首次发现的清初海防长卷舆图，现藏于日本国立国会图书馆。图纵1063厘米，横61厘米，地理范围南起广东潮州，北至浙江平阳县。康熙十九年（1680年），郑经在撤军台湾前下令将演武亭焚毁，而此图上绘有演武亭，可推测成图时间在1680年及以前。《平闽纪》载："（康熙十八年）据此，为照沿边修筑台寨，以安兵设防，藩篱既固，则堂奥自安也。是厚集兵力，安营护寨，为目今第一要务。查陈埭等汛台寨，业已修筑将竣，计日可以移师。至水头造寨，必须重兵防护，方保万全。昨荷贵部院另拨陈士恺官兵六百名前往防御。惟是浙标官兵，似亦应暂留，共为防护；俟水头寨告竣之日，再调回泉。"此图上有水头寨，可推测成图时间在1679年及以后。综合多种史料，推测出此图年代约为1679年。

沈奎阁《威镇阁》① 诗曰："岚光帆影映虚涵，天半星辰手可探。观海楼空魁阁圮，独留胜景镇城南。"罗灵智《踏莎行·漳州威镇阁》词曰："虎震松关，狮威镇阁，龙攀雕柱凝春色。牛图展卷稻粱香，果园十里摇凤蔗。陈政捐骊，朱熹明哲，地灵人杰腰无折。共和镰斧灿新天，史楼再哨传书鸽。"张方义《八声甘州，登重建威镇阁》② 词曰："看巍巍拔起顶南天，华光耀江城。大桥连闽粤，车通商旅，水足农耕。两岸流红溢翠，花果四时馨。仙子凌波出，中外驰名。溯自陈王开府，泊斯楼兴废，多少豪英？叹空怀肝胆，无计济苍生！只如今，山河瑰丽，望九州，高厦竞飞腾。霓虹处，曼歌狂舞，喜酒频擎。"张方义《谒重建威镇阁》③ 诗曰："凄鸦残照叫颓梁，旧阁疮痍触目凉。跃上新楼歌盛世，纵观边土赞金汤。城乡焕彩民生裕，港九归宗国势张。喜见葫芦光万丈，威生八卦镇南疆。"

（五）晏海楼

晏海楼，又名八卦楼，是月港古码头旁边的著名航标，位于海澄镇

① 杨西北主编.作家笔下的漳州［M］.福州：海峡文艺出版社，2010：26.
② 张方义.朴石诗词［M］.2002：91.
③ 张方义.朴石诗词［M］.2002：91.

人民路中段东侧，建于明万历十年（1582年）[①]，明邑令瞿寅建楼[②]。瞭望海防及演武操练之用，晏海楼瞭望台与周围九都堡、溪尾铳城、大泥铳城、镇远楼等互为犄角，互相呼应，形成一个较完整的防御系统。明末清初郑成功军队与清军也在海澄进行多年争夺战，故晏海楼只剩下残破的楼基，其原为二层砖木结构，安八大柱，状似八卦，又名八卦楼。清康熙四十一年（1702年）重修，康熙四十五年（1706年）知县陈世仪重建[③]。雍正十三年（1735年）知县严景"从新重建，厚筑基址，累石增高"至四层。乾隆三年（1738年）扩建，垒石增高至三层，高六丈八尺（22.67米）。周围二十六丈（86.58米），上为砖木结构，底层砌石，下筑壕沟可通县署。1921年改为水泥檐沿，正门嵌"晏海楼"石刻匾额，后门石碑上镌"揽秀毓奇"。列为县级文物保护单位。1919年和1958年也曾整修过。

据《钦定古今图书集成·方舆汇编·职方典》载："十年，知县瞿寅改南曰万峰雄峙，北曰大海朝宗。于东北筑晏海楼，以障海口东北之虚。乙未，知县毛鸣凤议再拓，不果，乃仍旧增高三尺（1米），改大东门为小门新亭，小东门为大门，题曰迎阳，往来便之……四十一年，知县陈世仪以晏海楼久坏，复重建之……晏海楼一名八卦楼，在城上东北隅。明邑令瞿寅建，凡二层，安八大柱，各长六丈四尺（21.33米），以象八卦，吞吐洪涛，襟带岚麓。金比部弦所谓潮生极浦千帆出，山绕晴轩八面来者也。康熙四十五年（1706年），知县陈世仪重建。按此楼

---

① 福建省龙海县地方志编纂委员会，黄剑岚主编.龙海县志［M］.北京：东方出版社，1993：868.
② 中共漳州市委宣传部，漳州市文学艺术联合会编.文化漳州（中）：旅游文化［M］.福州：海峡文艺出版社，2014：63.
③ 国家文物局主编.中国文物地图集（福建分册）：下［M］.福州：福建省地图出版社，2007：238.

之建，为障西北之虚。今误筑狭小，仅障县治，而学宫依然受病，宜依古制。”

清朝詹明章着有《晏海楼赋并序》：“晏海楼赋并序，布衣詹明章邑人。晏海楼者，澄邑侯海宁陈公所重建也。楼在县治东北隅，创始于万历初年，屡经寇乱焚毁，仅存故址。侯莅澄十有三载，人和政治无利不兴，无废不举，邑之士民咸谓巽维文昌之地。比年科目稀简职，此之由今际升平，当聿兴焉。侯乃怃然曰是吾责也，遂因基兆而捐俸营建焉。岁己丑之夏，章归展先庐俯谒于侯。侯与之宴既，又命其幕客陈少厓邀登斯楼，肆厥大观越。五月二日为侯岳诞良辰，因为是赋，而兼致视焉。环临漳而为邑，维澄最近海东。有大壑号曰沧瀛。纳百谷以称王，通十洲而濯灵。爰建岩邑在水之涘，擅天堑之险，廓长城之势，斥卤多而沃腴少，居民因以海为田，取给予鱼虾蚌蛤而为利，商贾多逐末以谋生，舟车辐辏而奔驰。昔年海氛播荡，鲸鲵吹腥，蛟鳄鼓，浪惊涛撼山，骇波漂磷，里社邱墟，哀鸿咽吭，不有扶衰救敝之君子，孰起疮痍于既往，天佑斯民，锡以仁侯海宁陈公，殚厥噢咻，念兴贤之未盛，无以媲美乎千秋，分廉俸之余涧，重建晏海之高楼，远则袭阴阳之自然，近则极人事之绸缪。以为不壮不丽不足以重瞻仰而壮新猷，不饰不美不足以兴士志而励勤修，而又不特此也。侯清静无为，政多暇暑，天朗气清，携客而登斯楼，凭栏四眺，清风在襟，水镜空明，堤柳密阴。望绿浅深而知春事浅深，望黄浅深而知秋事浅深。考时义务，率民耕纤，盖侯慈祥恺悌，而无时无事不以民心为己心者也。明章受廛有日，飘梗无时，薄游旋里，适扶杖以观化，抠侍崇阶蒙榻而邑。乃同胜友登阁，探奇三光，既清四际，披离席帽，石雄峙于南，陲吾养槐浦自东，而逶迤龙头虎甲风云而西，披紫泥乌屿长横亘乎北。抵若乃太武圭屿。大鳌龟漈鸿江龙潭青礁白礁，莫不周遭，环匝远近，参差端拱，而连毗大地。浮出高天，下垂或闪或烁，电腾云汉之墟，或错或落，斗转明河之涯。冯夷遭回天吴戢翥，合混沌，并元气，吞四裔，莽养浩渺超忽，而不知其所际。斯皆我侯，岁时与民同乐之情极其欢？嘉洽而顺时，营建固不容自已者也，尔乃连冈崇？屹峙凌云，嶒巍焕夭乔黝纠弟勃缤纷飞，梁梯挟浮，柱陛分层，栌曲枅叠起，如纹枝掌杖枒结搆纷？太极中悬，则河图而画卦维八列，牕肆启蔚云霞而直闻？皓壁月停丹楹电匝，朱鸟舒翼，腾蛇飘飒，藻绘丹青，灵怪杂，沓随物象，形景连势合远，而望之若摘朱霞而盛光华，近而察之，则拥崇峦而垂垛堞，既极一时之壮观？伟百禩之大业在昔，齐云落星，来青迎翠，美则及之，高亦曷贵，无非藏歌舞，宴骚客，侈佚游之华靡，而何关政教之大致？岂若我侯，恢渊源之至，泽沛巨海之波澜，化及昆虫，恩被黎残，百灵栖息，万怪屏谨，员峤奉规尾闾循，漫舳舻相属朝宗，深覃沿流溯洄，往来奠安普圣泽于不已。耽化日之余欢，是则我侯之有造于下邑，而得此乐土以盘桓也。维时仲夏，祝融司令律中蕤宾日躔东井景风时来，解愠日永。值侯岳诞之良辰庶民邱戴无已，咸颂福祉之荐臻爰赋晏海以窃附跻堂之后尘，昔子美之赋雄楚，仲宣之赋当阳，李白之歌鹳雀，东坡之题白鹊，皆未足以仿佛斯楼之万一，惟王禹偁之记竹楼，远吞山光，平挹江濑，范仲淹之记岳阳，心旷神怡，宠辱皆忘，庶几与侯之文雅照耀流风，余韵同千秋而耿光者也。遂为歌曰：结坤之络，振干之枢，倔屼云起，嵌釜星娄，俯仰顾盼，翔步天衢，葱翠紫蔚，翕习丕渝，峦骧峰涌，若拱若扶，演漾洞洑，莫不委轮化乐国之长日，开榑朴之远图，人文蒸蔚，草木涵濡，五风十雨，屡丰降祥，民安物阜，乐只无疆，寰海澄清，献寿觞愿君侯兮长乐康。”

清末邱炜萱有五律《晏海楼题壁》诗曰："百战河山地，巍然见此楼。限回胡马足，望极海门秋。日月依双岛，金汤重下游。平时烽火寂，倚槛看潮流。"清代邑人钱时洙有七律《晏海楼》诗曰："百雉都城控水滨，危楼四望净无尘。海门平峙分东堑，天柱高擎拱北辰。人业耕渔成乐土，士从弦诵服先民。幸逢清晏承流泽，驯稚恬童藉吏循。"清朝邑令宁州人陈锳有七律《初秋晏海楼晚眺》诗曰："雨后新凉夕照收，公余吟眺倚高楼。飘零黄叶千村暮。浩渺沧江一碧秋。帆远直从飞雁落，亭危欲逐断云浮。地临绝海皆平世，何处风烟可系愁。"明邑令桂平人龙国禄有七绝《晏海楼秋思》诗曰："丹枫暮雨急江头，珍重弓鞋上小楼。缥缈仙人吹玉笛，潇湘渔艇度清秋。"明刑部主事金铉郡人有七律《周明府招登晏海楼》诗曰："百尺危楼绮席开，振衣日日此迟回。潮生极浦千帆出，山绕晴轩八面来。海上雄谈风满座，城头丽景月当杯。恩膏转觉兹楼并，纪腾犹惭作赋才。"张燮七律《登晏海楼》[1]诗曰："飞盖移樽逐胜游，凉生衣带已深秋。月明倒映江如月，楼尽遥连蜃作楼。坤堄风前横短笛，烟波天外有归舟。凭栏转觉机心息，安稳平沙卧白鸥。"天后宫进香楼门有楹联[2]："壶华献秀清风岭，湄港联泽晏海楼。"清朝林楚题晏海楼石额及门联石刻[3]："浯江活水来潮，壮千年宝界；海云名山作主，保万代安居。"叶尚苏《宴海楼大将军歌》[4]诗曰："将军之身卧荆杞，将军之名播朝市．春日秋朝络绎人，妇孺不绝香抚楮。曾传圣朝十三年，耿逆师临十万千。台防失措苦无策，忙把将军加城角。城角一声霹雳轰，万道霞光摇山岳。鲸鲵远窜狼烟清，从此将军更得名。得名已久荒城古，匿迹蒿莱不出征。风侵日炙三百载，

① 陈自强．明清时期闽南海洋文化概论［M］．厦门：鹭江出版社、海峡出版发行集团，2012：202.

② 于淼编著，沈丽颖主编．妈祖信俗［M］．长春：吉林出版集团有限责任公司，2014：55.

③ 中国人民政治协商会议福建省漳浦县委员会文史委员会编．漳浦文史资料：第13辑［M］．漳浦：漳浦县政协文史资料委员会，1994：186.

④ 临海市历史文化名城办公室，临海市诗词楹联学会合编．诗词卷 中国历史文化名城临海［M］．台州：浙江台州印刷厂，1997：168.

铁花时起颜色熏。国家无事洗兵甲，将军自分甘藏拙。连岁日人恣猖狂，残杀民命食民血。将军将军岂不知，一发千钧怎久持。我愿将军急重起，向东奋击倭奴死。中原欢畅庆升平，海不扬波春昼暖。传至千秋万世后，永与南北共长存。"清朝李震相《观眉翁东海碑》诗曰①："涟翁大笔压波头，砥柱神功冰世留。磨崖犍阁休相比，石画光腾晏海楼。"清朝沈鋪《晏海楼》②诗曰："坐对重溟水，排空常白波。鲸鱼争泼泼，海若贞多多。不减尾闾泄，难容舟楫过。渔人轻一死，唐突扣舷歌。"清朝吴瑗《晏海楼》③诗曰："古岛风烟集，辕门节制明。潮声殷鼓角，海气接关城。舟楫高秋兴，壶樽落日情。危楼时纵目，积水与云平。"

（六）凤山石塔

凤山石塔又名文笔塔、魁星塔、岭头崎塔，在同安城东九跃山顶峰，塔下还有曲池、拱桥，为万历二十八年（1600年）同安县令洪世俊倡建④。现海滨原址尚留有塔基。塔拥有丰厚的文化历史底蕴，不仅有振兴文气的原宗旨，还有一项超越原设计的功能——航标功能。由于塔位于凤山之巅，非常醒目，海上归来的船只习惯性地将其视为入港的航标。

石塔石构实心，六角五级，通高14.25米，每层出拱挑檐，侧面券龛中置一镂空魁星石像，券柱镌楷书联："斗气护金轮，频见五云捧日；文峰参碧水，永为一柱擎天"；第三层西侧面镌"山斗具瞻"四字；第四层东侧面券龛置如来佛坐像一尊；葫芦形刹顶高3米。石塔立

---

① 李震相．寒洲先生文集［M］．韩国：景仁文化社，1999：67.
② 李廷燮．樗村先生文集［M］．韩国：景仁文化社，1998：77.
③ 诸世禧．月谷先生文集［M］．韩国：景仁文化社，1997：337.
④ 吴锡璜著，厦门市同安区地方志编纂委员会办公室整理．中华民国拾捌年刊：同安县志（上）［M］．北京：方志出版社，2007：437.

于同安东溪之畔，旭日东升，塔影映于溪中水面，故东溪塔影为同安轮山八景之一。九跃山因"自卧龙山行而西，九顿九伏如龙之跃"而名；又另名凤山，为"县之左臂"。

据晋江黄凤翔的《凤山石塔记》载："凤山石塔为广宫建也。泉山川磅礴，人文俊发。自郡治而外，则首同安，其广宫居邑治东北隅，而东南凤山拱焉。邑侯徽歙洪公鸣琴，多暇雅意，做人每躬，莅明伦堂为诸生讲德校艺。徘徊容舆，向凤山凝睇，顾谓诸生曰：兹宝山也。于方直巽且离，方连缀焉，巽舆离皆文明地，而突兀之观，未称也顷者。邑人文方隆隆起，顾自苏丞相后，大魁鼎辅，尚尔寥寥，盍营笔锋而耸之庶，以助风气斡昌运，遂度基建塔捐俸，为邑人倡邑缙绅衿庶，素感公德又谓是举也，为德于誉髦甚盛，相率效力斥财，鸠工伐石自附于子来之谊。费不烦公帑，役不扰闾阎。经始于万历庚子二月，即以来是年八月告竣。公忻然莅止进诸生语之曰壮观备矣，诸生亦观象得心乎，夫其悬绳累址因卑就高九仞罔亏循级非躐也，可以喻学。其擘顽植朴砥砺磨礲方，弗露稜圆，弗可转也，可以喻德。其岿崒嵂摩空凌汉卓立屹峙震撼弥坚也，可以喻节。惟德与节，匪学弗成，此羽簇隳括之譬良有以也。尔多士其厚勖之诸生则私相语公温文和粹其德尊方洁靡滓其节宪，殆以身范士哉。诗有之高山仰止景行行止，匪第一塔之为重轻也。吾侪其永永佩服以无负陶成致敬学博士姚君李君，率诸生请纪于黄生，而邑人大参林公实行公德意倡其邑士民者，亦贻书为之介绍黄生夙钦令公又沐河润之泽最渥也，何敢以不文辞。盖史册所载良吏，如辰阳长宋均蒲亭长仇香，皆以兴起黉校，垂为佳绩，则未有敦切恳至如公者。紫阳朱子尝怪令于兹邑建尊经阁建教思堂其遗风迄今在公载扬乡人也。绍前哲振来学异日者，贤豪辈出，追苏丞相纵不訾焉，比之为德与山川齐永矣。公居官廉平悬鱼驯雉倬有古循良风。邑人所绝而咏者，未能殚述，第以兹塔为甘棠云耳。余既掇公正救之大者，编次为纪，复念赵郡石桥江州湖隄，有其作之咸勒铭颂，以志不朽。因系之词，曰地苞灵秀，乃辟黉宇燻爆层峦震离夹辅。鉴彼巍标，蠹为天柱，云根巉嵘，霞綵吞吐，泮水凝晖。群峰若俯，仰之弥高，观者如堵檠架重霄崔嵬，千古谁其贻之，曰贤令公单父宓子，中牟鲁恭莺凤呈祥菁莪向风爰协人力，以补天工石不烦鞭神若输墉峥嵘，玉立灏气，冲融山斗，在望百世，龍嵷银同名邑多贤，自昔陶铸方新光华骂奕复借崇观，以寄永泽冈镇巨鳌星联，銮璧英杰，朋奋风教非逖承流系思勒词纪绩陵谷，可移令名无斁。"

明代黄凤翔《新建石塔记》作赋颂塔①："竖彼巍标，蠹为天柱。云根崁囊，霞彩吞吐。泮水凝辉，群峰若俯。仰之弥高，观者如堵。擎架云霄，崔巍千古。"林石梧《捧日擎天翰墨铭——同安凤山石塔》②诗曰："浮屠倡建自朱明，蠹立山峰万象横。县令真心兴教化，取名文笔励精英。"清康熙年间徐辉将明代凤山石塔倒映在东溪水面的"东溪塔影"列入"轮山八景"，并附诗云："尖抽凌汉塔，溪影倒文峰。波上双桥锁，东皋起卧龙。"③林石梧《凤山石塔》④诗曰："石塔五层六角形，葫芦刹顶内魁星。通高十七有余米，捧日擎天翰墨铭。"林石梧《东溪塔影》⑤诗曰"大轮八景一溪东，石塔清流倒影中。昔日扬帆观标志，水天一色卧飞虹。"

① 彭一万．诗游厦门［M］．厦门：鹭江出版社，2001：254.
② 彭一万．诗游厦门［M］．厦门：鹭江出版社，2001：352.
③ 颜立水．金同集［M］．北京：中国文联出版社，2005：19.
④ 彭一万．诗游厦门［M］．厦门：鹭江出版社，2001：352.
⑤ 彭一万．诗游厦门［M］．厦门：鹭江出版社，2001：353.

（七）东界石塔

东界石塔始建明万历四十年（1612年）[1]，1921年重修，重要的作用是航标导航[2]。塔坐西朝东，平面呈六边形，共五层，实心石构，通高8.56米，条石塔基，基高1.65米，每边长3.85米。塔身由下至上逐层收分，顶层每边长约0.4米，塔刹做葫芦状。塔身除顶层外各个立面分别镌"大明万历壬子年建"和"拱星""宝镇"等楷书字或浮雕菩萨、魁星形象外，其余各层均为素面。东界石塔是同安文物保护单位。

东界石塔位于翔安区新店镇东界村西北一千米处。东界石塔坐落于浔江港口东面的海滨，靠近刘五店码头，对进出浔江港的船舶有导航的作用[3]。石塔西望浔江港，靠近刘五店码头，塔西海域有刘五店航道，是厦门东水道，海湾深阔，水深6—7米，5米以上的水域宽度达450米，高潮时8000吨级船舶可以靠泊刘五店码头。刘五店码头是来往金门、厦门、同安的古渡头，也是古时泉州通往厦门的要隘，因而石塔成为航运停泊的地物标志，也是明代福建东南沿海海运贸易繁荣的实物佐证。

（八）圭屿塔

圭屿塔又称鸡屿塔，在福建九龙江出海口，是圭屿的标志性建筑，被航行海上的船舶作为航标塔。万历四十三年（1615年），御史周起元

---

① 罗才福主编，厦门市文物管理委员会、厦门市文化局编.厦门文物志 [M].北京：文物出版社，2003：125.
② 吴诗池.厦门考古与文物 [M].厦门：鹭江出版社，1996：76.
③ 孙群.福建遗存古塔形制与审美文化研究 [M].北京：九州出版社，2018：177.

主倡议建塔[①]。圭屿塔为七级八角形砖塔。该塔在后世历经"万历大地震""红毛夷侵扰""郑成功与清军海战"等事件影响仍屹立不倒，但近代不知何因轰然倒塌，仅剩残垣断壁淹没在草木之中。周起元与好友张燮在圭屿还筹建了天妃宫、文昌祠、大士阁等[②]。

1832年《厦门志》载："上有塔。今塔重修。"清朝朱元正的《福建沿海图说（附海岛表）》载："鸡屿，在漳州港内，上有残塔。西偏南，十一里半（5.75千米），长二里（1千米），阔一里又七分里之一。"据《诰授朝议大夫华亭许君墓志铭》载："浚府治沟港，建太武、圭屿二塔，脩丹霞书院。十年，回厦门任。值巡道倪公卒，代行道事。经理其丧。军船未竣工者，竣之。未三月，复署漳州府事。获巨盗王七娘、徐保，正法。盗贼敛迹。明年，脩城垣。其二塔、书院皆落成。"由此可知许知府重修该塔历经三年，始修于道光九年（1829年），建成于道光十一年（1831年）。据明朝张燮《东西洋考》载："圭屿屹立海中，为漳之镇。邑人御史周起元力请当道建塔其上，并构天妃宫、文昌祠、大士阁。监司、郡县悉捐俸、佐工，诸商亦共襄盛举。涛门澎湃，顿尔改观，近又以海寇微警，筑复旧城，并设游兵，以固吾圉，商船甫出水，便过此中。近议饷大夫，就此盘验，半潮至中左所。"

据《侍御棉贞周公颂德碑记》载："屡请于受事南服者，捐资鸠工营塔其上，塔旁建大士阁及文昌祠、天妃宫，断烟孤屿变作辉煌之观。"张燮也曾在塔成之后，与海澄陶知县等若干好友相约游塔吟诗，

---

① 刘瑞光，中共厦门市委宣传部，厦门市社会科学界联合会.厦门故迹寻踪［M］.福州：海峡文艺出版社，2018：188.

② 蒋维锬，郑丽航辑纂.妈祖文献史料汇编：第一辑（散文卷）［M］.北京：中国档案出版社，2007：65.

如郑爵魁作有《题圭屿塔呈陶令君》①，张燮本人也将这些诗编列成集，自作序为《陶明府建塔圭峰诗序》②。

周起元着有《圭屿建塔募缘疏》："原夫鳌极值地，娲石补天，理甚超忽，维以川融山结，不无亏全天巧未隔人力乃施其手扶身造亦有诸焉，吾漳玉钤开郡岐海划区元和以来，人文肇兴，紫阳而后，治教翔泠，亦既风华道上流峙炳灵矣，东临沧海山川，襟带之势，到彼而画，惟圭屿一峰，屹当巽维外，盱波涛则瀁荡无垠，内临郡邑，则相错如绣。隆庆二守罗公拱宸相是地形大关，风气筑城，八面以象八卦，虽陵谷变迁，而神理不灭，计所阙略者，增高及遗插汉参云，盖有待也。今卜城陶明府，博采刍荛以屿，当建塔，耸秀地灵，请于景源袁使君，主持宏议，特允所请，克期经厝以去岁某月，诹吉鸠僝因高就胜骎骎乎，有凌霄之势矣。闻且条诸当道大阐福业襄厥盛燃，而吾漳善信劝施未厘奔輳亦何以佐下凤焉。竺氏微理难可殚述闻之婆娑置塔本自耶舍尊者，随佛放光，即成窣堵。故塔即福地，建即福缘。今以钓游之所经，蠡管之所及，是屿灵胜，称是法轮海水上潮江水，逆流蜿蜒，游龙势能飞动，如其佛力人力相需罔后为世良缘，亦有四焉。一者，江开两岸，塔建中流，当使潮音虚嗒水月澄鳞青莲出波，慧日四照，色相浮沤，叠空毛孔，作法界身怨。二者，龙天耸象巍峨拱揖，势如脱颖，茅茹帝家，山圭露冕，朝宗辰极于以砥柱，狂澜撑持地轴，作宰官身缘。三者，法轮无改，沧桑可成，五风十两，广卤如云，而且江妃顺轨，天吴不波，宝筏元津，普济无量，作长者身缘。四者，琳幢旋规照离云日，遂使犀

---

① 陈自强. 明清时期闽南海洋文化概论［M］. 厦门：鹭江出版社；福州：海峡出版发行集团，2012：46.
② 陈自强. 明清时期闽南海洋文化概论［M］. 厦门：鹭江出版社；福州：海峡出版发行集团，2012：46.

然鳄徙钵隐蛟沈，媚川蕴岫，映爽眉目，作无等等生身，大欢喜缘如是，倾渴如是，瞻承故当广叩有缘，冀开善信，莫靳檀施也。又今所董役驱石海东下槵云表计其叠空万斧之费衰锱，当溢四千玲珑九级之尊为标，将逾百尺工致繁钜非铢石可成。凡我能仁广邀同好，结无量缘，开无住舍，庶积羽凌风集流浮船在今日也。且淳之乐善，亦岂一时，其补助山川，亦匪一事，嘉熙而虎渡梁皇庆而开元焕，均创未尝有，而庄侯之临渊累址应者若云，意公之丑口重基施者，如雨龙川芝岭福果不磨今以当道名，公鼎力而经始于上郡邑，舆情协力，而子趋于下覆簧畚期合尖，有日昔童子，掇沙得阿育果况不朽，在山川垂麻，在奕祀者哉，其为功德不可思议，愿言随喜，普我声闻。"

张燮着有《圭屿建塔后更建佛阁及文昌祠、天妃宫募缘疏》："水国烟深，涛门天尽，望冠山之回沫，有屿如圭，成破浪之长风，连壶作岛，灵气之所支柱，夙建霞起之标，名胜于焉，废兴宜补石，炼之色，有柱下史曰周仲先，簪笔触邪则邦之司直下车过里，乃乡之津梁。既龙种以来，归增蜃楼以永结爱白，当路立主胜，缘泛截流之横波中，开砥柱时凌霄之倒影，忽涌支提境既现夫化城事宜环乎，香界是用辟旃檀之宝地，宏泻法流护璎珞之慈容，重辉慧炬盖清凉之小叶，即控镇乎大荒，别有文昌之宫，浑帝车而登，进倪天之妹，奠川后以安流。是皆震亘之所，乞灵坤维之所，受福数楹竝峙百堵繁兴行，挟如来以渡江，俟揖群真而登峤，将使河光似羃连慧日于扶桑，霓舞为裳，旧阆风于铁网，灵气倍爽，名胜常鲜，人文鹊起以缤纷即是睢涣之绩，水贾舶鳞次而晏堵，何妨潮汐之天池，真水国之芳，因涛门之盛业也。通都介福庆，非止于一隅，大地辉煌，功宜资于众部，为裘关乎。积翠合锦，取之累丝，敢告十方，共襄兹举。捐太仓梯米，便佐布金，贻深林一枝，自参丰玉。愿言随喜，勿谓唐捐，倘终鸟革而翚飞，薄映龙堂之鳞，屋庶场葩石劫，共成应节之观，孕璆文鮾齐缀鸣磬之响，更恢海赋永丽山经云尔。"

张燮《登鹭门最高处望圭屿塔，有怀周仲先》[1] 诗曰："片云斜抹海天连，中有浮屠远屿悬。香界疑飞灵鹫岭，舟师欲截斗龙渊。环流作柱人何处，破浪含杯事有年。一自西方车马去，澜生川后几回牵。"

1891 年《海口图说》中有圭屿塔。清国东海岸厦门港之图，绘有圭屿塔。在清代道光四年（1824 年）之前绘制的《厦门舆图》，有圭屿塔。光绪《漳州府志》中的圭屿塔。

1646 年在荷兰阿姆斯特丹出版的《荷兰联合省东印度公司的开端和发展》一书中有幅插图，名为 Mont van der river chincheo in China，翻译为《中国漳州河口》，这张图现藏于香港科技大学图书馆，为指引航海用的海图。漳州河口，指现在的九龙江口厦金海域。图中描绘了西起九龙江口东到晋江围头半岛，南起龙海浯屿岛附近海域北到晋江安海镇的海陆区域，是现存最早的用西式测绘法绘制的厦金海域专题地图。图中地名用拉丁字母标识，A 厦门岛，B 安海镇，C 安平桥，D 围头半岛，E 金门岛，F 小金门岛，G 大担、二担诸岛，H 浯屿岛，I 鼓浪屿，K 海澄九龙江口鸡屿岛。岛上绘有圭屿塔。根据海图上的罗盘，左上方为正北。在围头湾内与厦门港绘制有中国帆船以表示为碇泊点，以点状表示沙汕，叉号表示礁石。1725 年，法国人将这张图重新出版。

（九）文昌塔

文昌塔又名东塔，位于南靖县靖城镇湖林村，明万历四十七年

---

① 刘瑞光，中共厦门市委宣传部，厦门市社会科学界联合会. 厦门故迹寻踪［M］. 福州：海峡文艺出版社，2018：188.

（1619 年）始建①，万历年间邑令陈宗愈建②。塔呈八角形，共七层，为楼阁式砖塔，占地面积 29.38 平方米，塔高 21.9 米，通高 27 米，条石地基，塔体厚 1.87 米，用仿木海棠纹石栏，砖叠涩牙子出檐，一层拱门朝西北方向，两扇仿古大门。

文昌塔与九龙江对岸泞坑村石壁庙龙山阁（已毁）对峙，完成于天启六年（1626 年），历时七载。经过陈宗愈、黄公敏、杨廷诏三任知县的经营，到了清乾隆八年（1743 年），知县姚循义继续修缮才算完整。清两次重修，为旧南靖县治水口关锁的标志性建筑。塔基直径 7.65 米，边长 3.08 米，周长 25.35 米，为七层八角形楼阁式密檐塔。一层为花岗岩条石摆砌，三合土夯筑填心，内壁设有塔龛；二层以上逐层收分，并在不同方位开设拱门。塔内空心，为正方形，塔刹为葫芦状。塔内外现存历代碑记三方，分别为明天启六年（1626 年）贵州副使杨联芳所撰建塔碑文勒石、清道光十六年（1836 年）知县张嘉特氏玉峰德成撰《文昌塔碑记》、同治四年（1865 年）《德政碑记》。塔内原设夹道以通上下（已毁），塔尖及第七层于 1918 年正月初三大地震时倒塌，1986 年镇政府修复③。

道光十六年知县张嘉特氏五峰德成着有《文昌塔碑记》④："壮哉，靖之文昌塔乎！隅值巽方，柱砥水口。经始于万历之己未，锡圭于天启之丙寅。孰肇厥初？曰黄侯；孰营厥中？曰杨侯；孰奏厥成？曰：姚侯、侯缵两侯。俭拮据捐俸，鼓众鸠工，命芳司出入代董之。阅三载余

---

① 国家文物局. 中国文物地图集：福建分册（下）［M］. 福州：福建地图出版社，2007：312.
② 国家文物局. 中国文物地图集：福建分册（下）［M］. 福州：福建地图出版社，2007：312.
③ 林海川主编，简荣伟副主编，南靖县文化体育局南靖土楼申遗办编. 南靖文物大观［M］. 漳州：南靖文化体育局，2007：139.
④ 南靖县地方志编纂委员会编. 南靖石刻集［M］. 福州：海潮摄影艺术出版社，2007：3.

而塔竣，靖士盱相和歌曰：惟塔之巅，若龙奋鳞，蜿蜒飞天；惟塔之基，若石奠盘，重厚配地；惟塔之成，若神呵护。侯精通灵，三才备矣。金汤屹如，甲第蔚起；斯文在兹。侯功万撰，如之何勿思。邑人治生杨联芳于丙寅端午日谨识。"

玉峰德成《文昌塔》① 载："文昌塔碑记，靖，名邑也，良臣科第，代不乏人。凡莅兹土者，莫不以兴仁讲让、培养人材为首务。乙未，爰余南下车，北城外有浮图七级，砥柱水口，双溪呈辉，层峦拱秀，洵属钳观。第未悉其建自何人，笔钥何名。因于公余之眼，读县志杨君序，则'文昌'其名，又搜之塔内碑文，乃知陈、黄、杨、姚四贤宰后先继美，而告厥成，以文昌名塔，殆取乎被天文以合人文之义欤？我朝覃敷文教，薄海内外，冈不含和吐气，躅德味仁。况南州为紫阳朱子过化之地，有海滨邹鲁之称，生其间者，果能顾名思义，尧自振拔，户同丝诵之声。家鲜嚣凌之习，骁驳乎械朴著文之化，复见于今，倚欤盛哉！余承是之邑，窃康穰前君。斯未信造士化民之道，百无一得，又何敢接踵前贤，自彰其矣？盖以此邦之人休养生息百数十年，其士庶咸能食旧德、服先畴，有牧民之职者里当奉扬。王者允道化成，推广文治，以臻大顺之休。惟愿庭无雀角，野有荷经，文运日开，科甲不绝，无负昔贤命名之义，是则余所拭目以俟之者也。爰设数语，勒之于石。隔进士出身、内廷国史馆校对官、敕授文林郎、知南靖县事、议叙加一级又加一级、记功二次、蒙古张嘉特氏，德成记。道光十六年月。"

明天启二年南靖县知县尹杨廷诏着有《建文昌塔序》："盖闻地脉转六鳌之轴，奇发人灵，江液汇三吸之波，瑞开石历，展镜平沙，澄双溪而朝自南北。沈玉作镇，屹廻峰以壮此巩图。数百年旺气有开，必先

---

① 南靖县地方志编纂委员会编．南靖石刻集［M］．福州：海潮摄影艺术出版社，2007：2.

七十户子来，无好不甚，予承乏兹邦盱衡列胜邑，西顶蜿蜒之脉，上游雄峙形势溪，南属襟带之交尾闾稍泄。本原始谓虑始之难，无轻其任。今知择劳之可第酌所先陟降原，既测圭以定位，灼龟袭吉亦佥谐子考祥，或宿德居优，董公甸而允维厥任，或效义无穷毕愿力而无爱，彼铢尺壤勺流，俱是高深所助，戴鼋炼石。谁云造化无为，桑田起自沧溪，喜天开其胜，砥柱屹乎中流，抑人叶其谋障，廻澜于既倒。试问支矶之石，挽逝流于不波，嗣兴瓠子之割埼欤，其盛终焉。允臧盖微俸矢捐仅同五丁之开道，惟众力殚举，始信愚公之移山，苍焉郁焉，嘉气而驾虹焉，采分睢涣之圃渟兮，泓兮静影而含璧兮，光浮奎井之章，天宝物华，扶摇十里以飞来。霞南景色，遡洄双溪而顶上众金曰可予申之词。"

（十）凤屿石塔

凤屿石塔又称埭头石塔、筼筜石塔、癸官古塔，位于厦门癸官港旁的湖明路东侧上，是明代的石构建筑，共有七层，当时起到镇水和航标导航之用①。纬度 24°28′46.92″N，经度 118°07′01.33″E。原有两座石塔，一为八角七层楼阁式石塔，毁于 1958 年；一为方形、六角六层实心石塔（即为现存的埭头石塔）。现塔为 2003 年修复，高约 7 米，塔基和底三层用条石砌成，上三层为柱体，形成塔尖，葫芦塔刹。第六层四面浮雕坐佛，目前仅一尊较为清楚。塔的第四层依稀可见"永"字。埭头石塔为古筼筜港的风水塔和航标塔，是古筼筜港地理位置变迁的见证，是厦门本岛年代最久的地上历史文物。

1970 年前埭头石塔还是伫立于汪洋之中，后来随着厦门推进"围垦筼筜港"工程，筼筜港变成了现在的筼筜湖，原来筼筜港周边的滩

---

① 孙群.福建遗存古塔形制与审美文化研究［M］.北京：九州出版社，2018：166.

涂成为如今繁华的街市，石塔也立于街市之中。由于塔基由土石堆筑而成，随着时间推移，原塔基的西北端比东南端高出 0.5 米，造成塔身向东南严重倾斜，故又名"斜塔"。厦门文物部门于 2003 年对其加固维修，因石塔与埭头古村相关，重修时将其最终定名为"埭头石塔"。

（十一）天妃宫

明朝万历年间，周起元与张燮在圭屿上建天妃宫等①，张燮《圭屿建塔后更建佛阁及文昌祠、天妃宫募缘疏》可证。海澄县娘妈宫，"凡海上发舶者皆祷于此"，"东郊湖美及沙阪、林尾诸处又各自为宫"。海澄县海门妈祖，指胡屿、使屿二屿或附近岛屿上的天后，或圭屿上的天妃宫。继宋元之后，漳州沿海地区，如海澄之月港，龙溪之石码，同安厦门鼓浪屿，漳浦之乌石、旧镇、铜陵、宫前（后两者今属东山县），诏安之悬钟等地，或重修或新建天妃宫。

永福天后宫融庙、桥、塔为一体，寓意水上保护神妈祖的特有神功。道光《厦门志》载，其时厦门岛内共有宫庙 66 座，单独奉祀妈祖的就有西门外的朝天宫、东坪社的妈祖宫、厦门港的福海宫、草仔屿海边的龙泉宫、先锋营的平台官、火仔屿的寿山宫、鼓浪屿三丘田的三和宫、寮仔后海滨的潮源宫、斗涵的灵惠宫等，计 9 座。还有混合奉祀天后和保生大帝的宫庙 23 座。厦门岛上历史最悠久的妈祖庙为东坪社妈祖宫，位于今黄盾与五通之间海滨。规模最大的妈祖庙则为朝天宫。在今大同路思北小学，始建于明初，施琅复台后复建。大殿悬有雍正皇帝钦赐御匾"神昭海表"。负有特殊使命的是草仔屿海边的龙泉宫，即现今和平码头附近，其时为台厦交通的重要码头。南寿宫位于今中华路桥

① 刘瑞光，中共厦门市委宣传部，厦门市社会科学界联合会. 厦门故迹寻踪［M］. 福州：海峡文艺出版社，2018：188.

亭附近。厦门附近大担岛有前国宫，在渔民、船民中影响较大。埔尾妈祖宫，位于角美镇埔尾村，清道光戊戌年林平侯重建①，列为县级文物保护单位。1986年重修胜澳天后宫。鼓浪屿三和宫"在鼓浪屿三圻田，祀天后"，今改法海院。

今漳浦县六鳌城内有两座天后宫，一在山顶，一在城边，"六鳌天后宫，一在北门，一在水门"，《漳州府志》云"镇海、六鳌、铜山俱有宫"。"铜山天后宫，共四所。一大宫在水寨前；一明德宫，近鹅头；一东门外滏崛；一附关帝庙右边。"宫前即娘妈宫前，为今东山县东山岛最南端宫前村，村以宫前得名。宫前天后宫建于明永乐年间，由莆田妈祖庙分香而来。诏安县悬钟天后宫即灵应宫。"灵应宫，祀天妃，在悬钟城南。"明初设置卫所，"绍兴一卫五所，每一所领伍者十，每一伍置（天妃）宫者一"。"胜澳天妃宫，悬钟游官兵遇汛期从师于此。"

浯屿岛上有一座天妃宫，明万历二十九年（1601年）重建，清康熙三十六年（1697年）重修，后历经道光五年（1825年）、道光十年（1830年）和近代多次修葺。殿内还存有万历三十一年（1603年）沈有容《重建天妃宫记》和道光五年（1825年）陈化成《重修浯屿宫碑记》，殿中还挂有清圣祖御赐匾额，其上记有施琅收复澎湖时妈祖天妃"涌泉济师""助战温饱"的故事。天妃宫外有郑成功驻岛时建的水井两口，名为"龙虎井"。

《重建天妃宫记》碑记载万历二十九年（1601年）沈有容率军到南澳岛东南的南澎列岛追剿海盗之事。此碑上方有清代才补刻的两行字："天启元年苙吧夷，康熙丁丑复祖官"。记载天启二年荷兰人侵犯浯屿与康熙三十六年恢复天妃宫之事。碑记中写道："万历辛丑夏，余

---

① 国家文物局主编.中国文物地图集：福建分册（下）［M］.福州：福建省地图出版社，2007：237.

时承泛语铜，奉徽南征。竭祈神睹，楹宇秋寺，实心微厥灵祖战捷乎，请更诸爽皑者，师抵南澳，攻岛彭山歼之。聿怀神惠，日笃不忘，迫筑迫垦，迪石迫材，迫建前堂，前堂翼翼；迫开后寝，后寝肃肃。际拓旧址，深广倍之。于是居民过旅，爰逮兵士商渔，罔不走集，敬共祝祷，灵益赫然矣。呜呼！神匪人弗依，人匪神弗佑。余兹量移石湖，弗获岁时毖祀。然出王游衍，神罔弗及，所以借休奋武，曷其有既。执笔辛丑孟冬，竣壬寅仲春，庸勒贞珉，识其始末。万历三十一年岁次癸卯秋九月朔日，钦依浯屿水寨把总以都指挥体统行事署指挥佥事直隶宣城沈有容撰。"荷兰人在东方的总部是爪哇岛的巴达维亚，即今雅加达，所以闽南人把荷兰人称为吧夷。今厦门海沧青礁慈济宫有康熙三十六年《吧国缘主碑记》碑，说吧国甲必丹、郭天榜等人捐资重建此宫，康熙丁丑是三十六年重建天妃宫。

据梁兆阳《天妃宫增筑铳城奏记》载："漳州府海澄县为加筑铳城，以图完全以固封疆。事照澄邑枕海狡窥叵测，惟恃吾所以御之者，有制胜之道耳。卑县甫任查知县余创筑铳城腰城，堪备防御，尚旷八十余丈（266.67米）。恐贼窥左足业经捐赏设处，鸠工砌筑役，甫告竣而且寇已扬帆至矣。相持数月，地方宁谧者，实赖此长城可为金汤。今贼尚未灭也，若备御稍有渗漏，殊非万全之策。进见前所筑大泥铳城，地势退后，舆海门不甚相对，必贼舟逼近所放之铳，始可想及，恐临时措手张皇，或致误事，且地基日久颇就低压。近来铳孔渐下，发放不便，卑县躬勘，旧铳城东面关帝庙后座，即天妃宫。此地当海之冲，适与海门一路紧相对照，比前铳城形势更为扼要。若此处设有铳台，可破贼舟于数十里之远，兼之藩屏周密风气益固，至附近一带水田，得此石基，砥障狂流，永无冲陷之虞。地方利赖莫过于此者，仍建一大楼于上，四面可以远眺，名曰镇远楼。所费工价，计六百余金，当此饷匮安敢请动官帑，随捐赏首，倡奖励商民各知赴义乐从金，举乡官某理妆支，督催工料，卜于九月十一日兴工俟完日，另核数详报。"

福建水师提督王得禄的战舰停泊鼓浪屿修葺时，王得禄对三和宫妈祖许愿：如果能得妈祖保佑，最终荡寇成功，愿重兴此庙。数年后王得禄征战胜利，募资重修三和宫，作《重兴鼓浪屿三和宫记》① 镌刻于笔架山的三和宫摩崖："窃惟天心丕显，群瞻霄汉之光，帝运暇昌，共丽车书之统。故河神效顺，海若输诚。而圣母之昭昭灵应，不啻有桴鼓之捷，风草之征。余盖尝于吾身亲见之也。自昔年由邑庠招集义勇，剿捕林逆，蒙恩擢用，嗣因蔡、朱二逆猖獗，亲带舟师追捕，子嘉庆八年间，收抵三和宫前修葺战舰，见庙廊之就敝，顿起募建之思。翼神听之可通，默许重兴之愿，由是舟师所向屡立微勋，累迁至水师提军。己巳秋，渠魁扑灭，海氛以次底定，蒙恩晋封子爵，赏戴双眼花翎。因思向日祈祷之诚，其昭应真有历历不爽者矣。神光既普，庙貌宜新，谨捐廉作，鸠工应材，而行户巨商示各喜根施，共宾盛举。今已落成矣，但见栋字垃埔，崇闶坚致，西来山色千重，翠黛拥雕梁；东向波光万顷，琉璃辉宝座。此余所以酬圣母之恩，明明而对，越惕惕凝诚，余心终有不能自已也。时嘉庆癸酉孟冬之月。钦命提督福建全省水师军务统辖台澎水陆官兵世袭二等子王得禄谨识。乡进士选知县，王珪璋书丹"。

李增阶《外海纪要》载："一流至石浦，天后宫，黄岩、定海二镇交界，内雷公山，风台亦可泊。"《指南正法》载："东洋山形水势：暗澳有妈祖宫，山无尖峰。龟龙菜屿：在妈祖宫前，潮沙港下有屿一个，可寄东风出入，俱可过船。梁头门：入门是妈祖庙，前好抛船。限门：进港之时须看，塔之上有妈祖宫，后草山相重就口须看虫嘴山东塔上。

---

① 何丙仲.厦门石刻撷珍［M］.厦门：厦门大学出版社，2011：110.

北锐城可直入船头，向西白沙坛头，船起头对纲桁至妈祖宫好抛船。往澎湖：放船单艮，七更取西屿头，收入妈宫。"《源永兴宝号航海针簿》载："赤礁网，可看傅厝树出妈祖娘宫……横看广山顶剑石合妈祖宫边北，石盘顶一个风动石。"《山海明鉴针路》的"广东回厦门针路"载："北平是大山赤安庙、妈祖宫。""厦门大担起往北"章节载："泥屿网：看傅厝树出妈祖宫补东后……横看广山顶剑石合妈宫。"《安船酌献科》的"下南"章节载："娘妈宫，海门，圭屿，古浪屿，水仙宫，曾厝垵，大担，浯屿。"窦振彪《厦门港纪事》载："船抛汕尾寮妈祖宫前。"清周凯《厦门志》载："大坠门，上有天妃庙。"李廷钰《海疆要略必究》载："磁头垵，有妈祖宫……行至妈祖宫北，好抛船碇。"清朝朱元正的《江浙闽三省沿海图说》三卷附海岛表载："天后庙一所，僧二三人居。"

三、管理

古代福建的航标是与水运活动的发展密切相连的。从把礁石、山峰作为自然航标，发展到灯桩、烟墩、宝塔等这样的较原始的人工航标。它们有的是民间自建自管，有的是官府建造管理，甚至还有的是官民结合。在古代，航标没有一个统一的建造标准，没有固定的经费来源，也没有专业的管理人员。但是，这些助航标志的存在对船只航行的安全，对沿海航运的发展，起过巨大的促进作用，同时也为近代航标的建设提供基础。

第三章　清代厦门港航标

一、航路

1655 年郑成功以抗清复明之意改思明州。顺治七年（1650 年）至顺治十八年（1661 年），厦门港是郑成功海路"五商"通日本、吕宋及南洋各地的中心。康熙十九年（1680 年）称厦门[①]。康熙二十二年（1683 年），厦门设"台厦兵备道"。康熙二十三年（1684 年），户部税关之一的闽海关设立，厦门为其正口，成为"由海船越省及往外洋贸易者，出入官司征税"之地。康熙二十九年（1690 年）后至雍正元年（1723 年），闽海关监督则常驻厦门。雍正五年（1727 年），清王朝规定所有福建出洋之船，均须由厦门港出入，厦门港为福建省出洋总口。乾隆十一年（1746 年）经朝廷确认福建有厦门、南台、泉州、铜山、宁德、涵江 6 总口，分口 31 处。嘉庆元年（1796 年），成为"通九译之番邦""远近贸易之都会"，与厦门往来的东西洋国家和地区达 30 多个。道光二十二年（1842 年）《中英南京条约》签订后，厦门辟为 5 个通商口岸之一。光绪六年（1880 年），英商太古公司在岛美路头北侧建

---

① 邓孙禄，叶志愿. 厦门港志 [M]. 北京：人民交通出版社，1994：49.

造太古趸船码头，码头前沿设有栈房式趸船 1 艘，靠泊能力 500 吨；后方陆域建有太古栈房 6 间，总仓容 1066.3 万斤，成为近代较为先进的综合性码头。1982 年，在渡头附近海滩发现乾隆时《重修五通路亭碑记》① 一方，碑文记述了当时官宦乡绅集资重修五通渡旁路亭之事。

二、航标

1868 年 4 月，经总理衙门批准，总税务司署将各关所征收船钞的七成用于设置助航设施，以利船只航行。自 1869 年起，总税务司署船钞部开始在黄海、渤海、东海、南海海区及港、澳、台海域建造灯塔。同时，海务部门还集中在沿海及沿江各港口设置灯船、灯桩、浮标、岸标、导标等航行标识，且多参考英国制式。厦门内外港隐蔽危险处都设置有浮标、信号标和浮筒顶标等航行标志。光绪八年（1882 年）5 月，厦门内港南方入口处的内户碇礁石设置 2 个圆形浮标②，11 月在靠近章鱼礁的南边发现了一处由三块礁石组成的礁区。1883 年 1 月 13 日，金门沙尾偏南尽头设置 1 个红色圆形浮标。1883 年 9 月，在内港区离高水礁南偏东 290 度大约 425 英尺（129.54 米）远的地方，发一块礁石。1884 年 8 月 1 日又用一个能自动鸣笛的浮标代替。1884 年 11 月 13 日，在厦门外港斯岬不远处的暗礁旁设置了一个浮标。光绪十年（1884 年）8 月 1 日以大的能自动鸣笛的浮标代替。1885 年 11 月 13 日，厦门外港卡斯岬不远的暗礁旁设置浮标 1 个。光绪二十三年（1897 年）2 月，在内港德记洋行的浮筒地段发现一块礁石。礁石上部水深仅 14.6 英尺（4.45 米）。这些礁石被发现后，都安装了浮标信号，以免船舶触礁。

---

① 国家文物局 . 中国文物地图集：福建分册（下）［M］. 福州：福建地图出版社，2007：187.

② 邓孙禄，叶志愿 . 厦门港志［M］. 北京：人民交通出版社，1994：13.

1896年1月5日，德国军舰"凯撒"号在进入厦门港南侧水道时触礁，位于靠近东外户木定和内户碇之间，同年1月在靠近东外户碇与东户碇浮标中间水路安置了一个新的浮标。1902年10月，在"佩里尔尤斯"礁东部半链处发现一片礁石，于次年5月在其上安置了一个圆锥形浮标，顶呈斗篷形，并漆成黑色。1863—1895年厦门港灯塔统计表如表3-1所示。

表3-1 1863—1895年厦门港灯塔统计表

名称	设立年份	设备条件与技术改造
大担岛灯塔	同治二年（1863年） 同治四年（1865年）	由和尚点灯于寺庙前 建造灯塔，1888年6月置换上等折射式遮信号灯
东碇岛灯塔	同治九年（1870年）	安装灯塔，1899年改燃矿物油
赤屿岛灯塔	同治九年（1870年）	置放信号灯
青屿岛灯塔	同治十三年（1874年）	建成灯塔，次年12月点燃，1909年改白炽灯
渔翁岛灯塔	光绪元年（1875年）	第二次启用点火
赤沙澳灯塔	光绪六年（1880年）	安装中国第一台遮式信号灯
火燃屿灯塔	光绪九年（1883年）	建造当时东方最大、设备最优良的灯塔
横栏丹灯塔	光绪十九年（1893年）	建成启用，自转一等折射式。由于九龙割让给英国，该灯塔于1901年3月1日转移香港

（一）石矾塔

石矾塔又名云霄塔，位于云霄县城以东20千米的漳江入海处，为古代海岸线上的航海标志，也是为漳州"海丝"延续的重要佐证。江心有小蕞岛礁兀立，状若笋尖，高达数丈。清康熙九年①（1670年）云霄溪美保人陈天达建，后倾圮。乾隆四十三年（1778年）年底至次年初，云霄邑丞李维瀛相视地形，同云城诸生议增其制，准备扩建石塔，但因募款困难而中止。嘉庆十九年（1814年）云霄抚民厅同知薛凝度募款重建，募金四千七百多圆，年秋兴建，历时四月竣工。又以余款在漳江北岸石蛇尾渡头建石级十余丈（33.33米），云霄义学山长吴文林书镌《新建石矶宝塔捐金牌记》。塔右石崖壁上有古朴苍劲的"健笔凌空"四个大字，为云霄邑绅周情题镌。明末清初，郑成功以沿海为抗清基地，石矶成为系船的天然石碇，不久致使该笋石被巨船曳倒。1981年8月，石矶塔曾进行抢救性加固维修，现保持着清嘉庆时面貌。1970年云霄县旅台同乡于基隆市郊南荣墓区建云霄公塔一座，1985年以故乡云霄塔为造型重新扩建灵塔。这两座相隔海峡的云霄塔，成为云台两地联结乡土情缘的文化胜迹。

塔为花岗岩石塔，八角七层空心楼阁式，高24.81米，塔基周长22.2米。一层塔壁厚2.19米，至七层塔壁厚0.9米，亦逐层减薄。塔壁条石为一顺一丁砌法，每层分隔处以条石横铺叠涩出檐，八角各设飞檐。塔内以条石作螺旋梯，可通顶层，梯宽0.39—0.49米不等。塔刹为葫芦顶，塔顶屋面条石浮雕覆莲纹。每层均开设拱门，底层设一门朝南，门高3.3米，宽1.5米；第二层开三门；三至五层各开四门；第六层二门一窗；顶层一门北向。第二层朝西的门额镶嵌一方青石横匾，上镌"斯文永昌"大字，字径24厘米，右镌"嘉庆十九年八月榖旦"，字径4厘米；左镌"赐进士出身、前内阁协讲侍读、时授云霄同知薛凝读书"，字径3厘米，下钤篆印二方；朝南门额刻"天乙"，朝北刻

① 方荣和主编，漳浦县地方志编纂委员会编.漳浦县志［M］.北京：方志出版社，1998：948.

"太乙"。

据《钦定古今图书集成·方舆汇编·职方典》载："石矾塔在云霄海口北，岐石矾尖。进士陈天达募建。表曰：斯文永昌。先是山原有石笋，因倾倒，故筑塔补其缺，有关镇城形胜。"

《中华沿海形势全图》① 绘有石矾塔。美国国会图书馆所藏《海疆洋界形势全图》② 中绘制有石矾塔，另一幅《海疆洋界形势全图》中未出现石矾塔。

尚存清嘉庆二十年（1815 年）由云霄义学山长吴文林、云霄抚民厅同知薛凝度的《新建石矾塔碑记》等碑刻文物。薛凝度的《新建云霄石矾塔碑记》③ 载："清云霄厅同知薛凝度。云霄故郡治，扶舆磅礴，名山环映，独缺东南一面。漳江自西林至佳洲，合南北港过石关，逶迤弥漫，由是入海。内有南北涂塞其口，外有南北岐束其腰，出两岐山，始潴而成巨浸。有小岛突起，其中，巉岩秀削，适当其缺，高数丈如笋尖，旧名石矾。形象谓之华表捍门，足以钟灵毓秀，故此地前明科甲极盛。国朝海氛时，为巨寇系船曳倒，震撼粉碎，云霄文物由是就衰。康熙时，邑绅陈公天达，于岛石上，募建石塔以补其缺，高不盈丈，低小不称。乾隆戊戌，己亥间，少尹李公维瀛，相视地形，复与诸生议增其制，以经费维艰中止。倾颓缺陷，客过是间，辄流连叹息，盖越百余年于兹矣！

岁甲戌夏五，诸生集书院会议，照移建文祠捐金例，捐造石塔。询谋佥同，呈请前任王兰题序，劝捐得集金四千七百有奇，鸠工伐石。经

---

① 北京大学图书馆. 皇舆遐览：北京大学图书馆藏清代彩绘地图［M］. 北京：中国人民大学出版社，2008：242.

② 林天人. 皇舆搜览 美国国会图书馆所藏明清舆图［M］."中央研究院"数位文化中心，2013：324.

③ 陈侨森，李林昌. 漳州掌故［M］. 福州：福建人民出版社，2003：79.

始于初秋月吉日,阅四月相轮完具,而塔告成。扩其址周七丈二尺（24米），增其高计八丈二尺七寸（27.57米），空其中分为七层，方其外熨为八面，上各辟四门，玲珑洞彻。其正门颜曰:'斯文永昌'，与将军山对峙，具天乙、太乙两峰，拱护胜概，以壮云霄舆图。云之士庶，买舟往视者日以百计，咸称巨观云。又以余金砌石蛇尾渡头，石磴十余丈，乌丘渡头津亭一椽，以利济者。

夫是议之兴也，百年废坠，创兴一朝，宜有难焉者矣！乃陈公募建而规模未称，李公议增而经费难筹，今则一倡议，而绅士皆有同心，殷富乐输。所有雨风顺轨，朝夕安流，不数月而蒇事，若有阴驱而默相之者。是何前此之难，而今日之易欤？岂石矶之兴废，固自有其时欤？抑亦云霄之文物，由衰将盛，灵秀之气，散而复钟，天将启之，而石矶不得不砥柱中流，为东南补其缺，有莫之为而为者欤！余虽不能文，而幸莅兹土，以观厥成，且深望乎云霄之人士，争自濯磨相与，文物声名克复其始，以大副乎！石矶之钟灵毓秀于是也。因勉徇绅士之请，纪其兴废之由，盛衰之异，修补之难，创造之始，经画之规，率作省成之年月日时。俾后之登览者，知石矶之成，非偶然焉。文之工拙不暇计矣，是为纪。"

清朝薛凝度《登石矶塔望京华》[1] 诗曰:"日月京华远，风涛海国秋，昨宵寻旧梦，犹绕午门楼。"薏楚扬《石矶塔登望》诗曰:"日照清江潋滟开，浮屠耸影立高台。半吞百彩青山外，数艘楼船靠岸来。"唐镇河《游览石矶塔》诗云:"长洋下寨手相牵，缥缈江心一抹烟。持拐仙翁云外立，梁峰耸拔欲擎天。"

---

① 李保裁，赵涛编．中国古塔大观［M］．合肥:合肥工业大学出版社，1987:207.

（二）祥麟塔

祥麟塔，又名腊洲塔，位于漳州市诏安县梅岭乡腊洲村，坐落在诏安湾宫口港旁的腊屿山上，是闽粤交界海域和海丝路上的重要航标之一，重要的作用是航标导航①。祥麟塔建设于嘉庆三年（1798 年）二月至嘉庆四年（1799 年）六月②，为八角七层楼阁式石塔，塔基须弥座边长 2.4 米，塔高 24.5 米，塔身层层有门，底层正门匾书刻"嘉庆三年三月谷旦 祥麟塔 知诏安县事鞠清美、教谕包梦魁、训导柯辂"；二层以上各有小门，东门"朝阳"，西门"挹晖"，南门"迎薰"，北门"拱辰"，为举人沈丹青所书。近代祥麟塔因雷电破坏，塔顶跌落，塔前倾斜并现裂痕。1985 年爱国华侨许木泰捐资重修，1985 年列入县级文物保护单位，1987 年维修复原。1988 年 2 月 10 日，新加坡许木泰先生捐资重修祥麟塔工程竣工剪彩。"腊屿祥麟"，为诏安廿四景之一。

据沈绚《建祥麟塔并修峰培龙记》③ 载："塔计七层八角，高八丈八尺（29.33 米），周围如其高之数……虚中玲珑，石磴盘纡，登临其间，振衣万仞，流览靡穷。"

谢声鹤咏《登祥麟塔》④ 诗曰："目断祥麟石塔边，渔庄蟹舍七洲连。江洲遥在蓼花岸，不识沜洲有紫烟。"祥麟塔第四层面海门石刻联："气势凌霄汉；文章大海潮。"进士黄开泰《重登祥麟塔》诗云⑤："短筇扶我上危巅，重蹑祥麟隔十年。疏密千家同扑地，玲珑一柱独撑天。数行征雁秋霞外，几叶归舟夕照边。浩荡乾坤望何极，山光永色足

---

① 福建省轮船总公司史志办编.福建水运志［M］.北京：人民交通出版社，1997：117.

② 周跃红，陈宝钧主编.诏安县志［M］.北京：方志出版社，1999：16.

③ 《风韵诏安》编委会编.风韵诏安［M］.福州：海峡文艺出版社，2009：82.

④ 中国人民政治协商会议福建省诏安县委员会.诏安文史资料：第 5 辑［M］.1984：53.

⑤ 中国人民政治协商会议福建省诏安县委员会.诏安文史资料：第 5 辑［M］.1984：56.

耽连。"黄钟麟咏《于中好·重九登祥麟塔寄远》① 词曰："佳节难能风日睛，登高雅兴向谁倾？忽忘尘世因天近，漫品倚栏杆得句清。飞雁急，远山明。诗魂跌宕入沧溟。故人海角如相问，笑指冲波一棹轻。"

（三）翙云塔

翙云塔，俗称港口塔、田里庵塔②，位于镇西田里庵对岸，翙云塔上有灯，是用来指航商船导引船舶进出古月港的。清宣统末年（1911年）坍坏③，今之遗址亦泯。原翙云塔六角七层，空心砖构，葫芦顶，各层设有走廊、门、走道与上层相通。

林凤声《石码镇志》载："翙云塔，俗呼港口塔，俗呼港口塔在镇西阛外里许，即田里庵对面之岸，滨港屹立，不知建自何代，清宣统末年（1911年），忽然坍坏，今之遗址，亦泯矣"。田里庵均在镇东龙海桥附近，今石码镇高坑村港口社。1903年美国摄影师查尔斯·威廉·华生拍摄的翙云塔。

（四）大担岛灯塔

大担岛灯塔，位于大担岛南部，白色铁质小屋，灯高91米，是船舶在青屿水道及附近航行的良好标志。大担岛灯塔，在厦门进口处大担岛上，即北纬二十四度二十二分十六秒又十分之一，东经一百十八度十分又十分之六秒④。该塔塔身为白色铁质小屋，灯高出海面近100米，天气好时在十里（5千米）内都可以看见灯光。大担岛灯塔与其他灯塔

---

① 福建省诗词学会编.福建诗词：第14集［M］.福州：福建省诗词学会，2005：272.
② 柯渊深.石码史事（辑要）［M］.龙海市文史资料委员会，1993：171.
③ 柯渊深.石码史事（辑要）［M］.龙海市文史资料委员会，1993：171.
④ 中国人民解放军海军司令部航海保证部编制.中国港口指南：东海海区（第2版）［M］.天津：中国航海图书出版社，2009：256.

略有不同，它是由民间建造，后被厦门海关接收。清朝朱元正的《福建沿海图说》附海岛表载："大担有灯塔，详海岛表。"

据《中国沿海灯塔志》载："照耀厦斗外港进日计有二大灯，大担岛灯塔乃具北者也，距青屿东北约三浬之遥。方该塔未建之先，群意该岛业有土人所设之旧灯数百年矣。然就光绪六年（1880年）厦门关税务司呈报总税务司之文观之，仅云大担岛旧式灯塔，由来已久，更参攷欧人早年来华所着航海闻见录各书。如道光二十三年二月（1843年3月）英文中国彙报所载英国海军司令葛林生编辑之厦门港口测量报告。对于该岛旧灯之情形，并未述及。又同治三年（1864年）英国海军部刊行中国引水须知一书，关于当时一二年以内之航行设施，均有记载，并曾详叙现在灯塔之地址，谓其东端为一圆形守卫所，屋顶则有烟突三。惟对于该岛旧灯，亦未有所论列也。然该岛西北隅之占刹，实与旧灯有历史之关系。据寺僧所述，该灯最初系悬诸寺斗，乃应当时海员之请求而设者。灯油费用，亦为若华自由捐助。开燃之第三年，厦门海关始从事设置新灯，并商将旧灯撤销。每月给寺僧银九元，以作照料海关新灯之用。又退职灯塔管理员某，现年七十有二，终身服务该站，并于民国十一年（1922年）至十四年（1925年），曾充管理主任之职，亦云闻诸其父所述，该灯最初确为寺僧所燃者也。又海关每年刊布之各关警船灯浮椿总册，其第一次出版，系在同治十一年（1872年）即已载明大担岛灯塔建于同治年二年（1863年）。至厦关档案中最初见有大担岛灯塔之名者，系为该关税务司同治四年十二月十五日（1866年1月31日）编辑之同治三年（1865年）厦门关贸易报告，内载上年曾建灯塔一座于大担岛之上，该岛为厦斗进口六岛之一，灯塔经费则由厦门关支付，该灯工作，咸称满意。

综观以上各项记载，则知该岛旧灯确由寺僧建于同治三年（1864

年)，迨同治四年（1866 年），始为厦关接收，当无疑义也。

　　该岛旧灯，早年情形如何，无从悬揣。惟据今日寺僧所述，最初系悬诸寺门之口。但寺门旧址，与现在塔基则相离尚远。缘大担岛本分为高低二岛，中以沙砾长堤相连，形如细长哑铃。堤长约一浬之四分之三，高潮时甚窄。高岛在堤之东南端，面积较大。灯塔即建于上，寺则筑于低岛之南端也。

　　据云昔日寺僧所燃之灯，系用花生油。灯则悬于岛岭所树竹竿之上，若就近来该灯改良情形观之。斯说尚可信也。

　　该灯早年情形，最足引人注意者，即为同治六年九月初三日（1867 年 10 月 30 日）窃案。缘该站油灯及反射镜，曾于是被窃，当昧咸意系为本地引水人教唆使然。盖以该项航行设施，对于彼等职业前途，颇有影响。故尔出此也。嗣经地方官吏严加搜索，而所失之反光镜三面，竟于某晨自寺前海滨一蓆包内觅获。殆为窃者潜行送回，镜既珠还，遂仍旧使用。惟油灯，则以广东所制之新者代之焉。

　　据同治十一年（1872 年）各关警船灯浮椿总册所载，该灯乃由阿康德灯数盏组织而成。但同治十三年（1874 年）该项总册之内，又注明该灯机械，共有阿康德灯四盏。迨光绪五年（1879 年）则因旧式植物油灯年久破损，而易以煤油灯四盏矣。

　　该站初仅有木尾一椽，上建小塔，以便置灯，并无职员管理，所有一切看守职务，悉委寺僧代办。海关月给薪资，以酬其劳。如同治十年（1871 年）该灯维持费，计灯油关平银一百六十八两，薪资七十八两四钱八分，皆由厦关支付。据光绪九年（1883 年）厦关报告所载，该灯外罩，系木质八角形。上嵌小片玻璃，外络铁丝。惟框架笨拙，有碍光线，且已破漏不堪，竟致其中各灯与反光镜不能符合。直至光绪十四年（1888 年）始改设六等透镜明灭相间灯。烛力一百十四枝，系海关总工程师绘样交由法国巴比尔公司制造者也。该灯系单芯煤油灯头，并有旋转屏蔽一个，而以发条机械运转，同时乃将木屋拆除，而以铁屋代之。附近又筑砖房一所，以为管理员之宿舍，并由厦关另派职员一名管理新灯。虽经数年之久，仍有寺僧一名，夜助看守，昼则返寺。迨光绪二十一年（1895年）始派正式副管理员一名襄助为理，每月津贴寺僧之酬金则灭为五元。至是大担岛灯与该古刹直接之关系遂告断绝矣。民国十八年（1929年）复将旧日之明灭相间灯，易为六等电石闪光灯，每三秒钟急闪一次。该灯并无灯塔或外罩以为保护，仅立于岛岭铁屋顶上而已，高出水面三百呎。

　　该灯迄今，虽巍然无恙，然考其往史，自海关接收管理以来，即以地点不当，屡经倡议裁撤。其受人指摘之处，几至体无完肤，阅之殊饶兴趣。如同治十三年（1874年）各关警船灯浮椿总册所载，倘于日屿设灯，则大担岛灯塔即可撤销。又光绪元年（1875年）据海务科总工程师意见，以为大担岛之灯，光力甚微，地点亦不适宜，且其功用已全由青屿新设之灯取而代之。况该岛青屿二灯，皆系白色定光，往来船只，莫能辨识。而北来船只，尤易误认。是不独于航，行无补，且足以增加危险也。故曾数度提议裁撤，惟厦关税务司迄未表示同意。盖以该灯原系寺僧为便利当地渔人及船户而设，且该寺所恃以维持者，不仅海关每月之补助，而渔人及船户交纳之费，亦为是赖。如海关予以撤销，则该寺势必另行设灯以代之，公家反无权管辖矣。以上所具之理由，证以他处灯站之经过，诚属甚是，惟所可异者，该灯既据专门家观察，谓为危险，何以尚不立予取消，而发给寺僧维持费之一部或全部，作为补偿以为不再燃点之条件，岂不较善耶。但自光绪十四年（1888年）该塔改设明灭相间灯以后，发放之光，情形特殊。于是与青屿灯光混杂之危险得以免除，故今日之大担岛与青屿两灯，并照外港进口之水道，厥功均甚伟也。

该站历史，无不与岛中物质攸关。全岛乃一壮丽之浴场，筑有砂砾长隄，以为两面沙滩之屏障。内有一滩，保护尤属完善。除遇暴风巨浪外，绝无危险之处。岛之西北小丘之上，曾建平屋数椽，以备厦门关员周末游息之用。惟现已圮废，至古刹则建于康熙二十四年（1685年）内供海神。当地舟子，每值莺花三月，进香于此，顶礼膜拜焉。

该岛东南小山，四面峭壁，赤裸濯濯，漂石丛聚，无从耕作。惟产蛇甚多。据现任该站管理员云，民国二十年，曾有十呎巨蛇，来袭鸡埘，吞杀雌鸡五只。当即将其击毙。灯站屋宇，形势殊佳，且甚纡廻。外室及仓库则建于山坡幽窭之处，出人意表。其间通以梯阶，尚无不便。灯塔及宿舍之间，有储藏室一所。适在山畔洞中，半用砖砌。屋顶多为巨大平石。山麓有一炮台旧址，历年甚久。石块虽多移动，然其垣、墉、守望楼，及门口外室，均可按迹而寻。据云，此炮台与建于青屿者形式相同，亦郑成功所筑，用为防护厦斗之外垒也。"

李禧《紫燕金鱼室笔记》载："大担岛灯塔，在岛之南东山顶。北纬二四度二三分，东经一一八度一零分。一八六三年设立。第六等折射连明暗自光。明一四秒，暗二秒。明二秒，暗二秒。明弧全度。础上灯高一零尺六寸（3.53米），高潮面灯高三零零尺（100米），光达一零里（5千米）。"

（五）东碇岛灯塔

东碇岛扼守金门料罗湾与福建厦门湾间的外洋水道，西望厦门，地理位置重要，自古就是漳、泉二州对外的门户。东碇岛灯塔是中国海关在厦门海域兴建的第一座灯塔。东碇岛灯塔建成于1871年12月15日，同时点火，该灯塔系燃用植物油，置上等透镜定光灯，烛力1975支光。

1899 年，改燃煤油，并用压油 6 芯灯头，烛力增加 18%。1913 年，改用煤油蒸气灯头，并配以 85 厘米白炽纱罩，烛力增至 7500 支光。1927年，改易新式镜，为联闪灯，烛力增至 5.7 万支光。1953 年 5 月，因炮战毁损，停止发光。1963 年，改用五等电灯，每 10 秒闪白光一次，光力 2600 支烛光，光程 11.3 海里。1971 年，重新复光启用 1999 年 10月，因丹恩台风吹袭而受损。

据《中国沿海灯塔志》载："船自南澎列岛沿岸东北行约七十五浬，即抵东碇岛灯塔。该塔之功用有二：一为指示船只由南驶入厦斗之用；一为衔接海峡内引导各灯，不使中断。

厦斗灯务，设备完善，外则海上有灯塔两座，以为照耀南北两方往来船只之用。内则外港近处亦有灯塔两座。以为指示进口水道之需。职务分明，功用亦异。海上两灯极南之一座，即东碇岛灯塔是也。上置头等透镜定光灯，烛力一千九百七十五枝，亚于每半分钟发放强烈闪光一次，烛力二万八千八百枝。同治十年十月初三（1871 年 11 月 5 日）始行燃点，燃用植物油，效力极佳。至光绪二十五年（1899 年）则改燃煤油。并用压油六芯灯头。烛力增加百分之十八。民国二年（1913 年）复改装煤油蒸汽灯头，并配以十五公厘白炽纱罩。至是定光灯之烛力，遂增为七千五百枝，闪光则赠为十一万一千枝，惟镜机尚系光绪二十七年（1901 年）所置，业已陈旧。于民十二年（1923 年）间，完全加以修理。复于民国十六年（1927 年）改易新式镜机，而将定光灯撤销，改为联闪灯，每二十秒钟联闪数次，烛力增至五十七万枝矣。

东碇岛在福建同安县境内东海之中，面积甚小。距大陆约八浬有半，与厦门之交通，纯恃舢板，每月往来两次。该岛暨邻岛之上均无村落，实为一孤寂荒凉之岛屿。华员咸视为畏途，故该站下级职员及苦力之招募，有时极感困难。该岛英文命名虽曰教堂，实则全岛绝无形似教堂之处。惟远观之酷肖人类额顶，西南端洞穿岛身之窟穴，则似眼孔。岛巅灯站院落之外，难系草木蓊郁。然隙地甚少，惟见斜坡峭壁，迤逦而下，直达水滨。岛畔登岸之处，曩昔殊为危险。光绪卅一年（1905年）海关巡轮起卸煤油时，曾沈舢板一只。现已建有钢骨水泥码头头一座，以便上下。由码头经斜坡而达灯站之曲折小路，常为台风暴雨所毁，保持完整，殊不可得。故曾两次物色新径以代之。岛中并无房屋可供渔人栖止，虽暂时厝处，亦极困苦。每年自六月起，三侧月内为捕鱼时期。渔人茬止，均寓舟中，偶一登陆，亦不过烹鱼以备储存而已。据云系以咸水烹储也，捕鱼方法，乃以船八一，可谓丰矣。

塔用砖建，四面皆窗，外涂黑色，围以花岗石栏杆。塔身约高六十三呎，灯光高出水面二百二十七呎。院落虽小，然甚整洁。草上深厚，情无树木，风景未免减色。

该站档案，民国十三年（1924年）以前者，除来宾题名簿外，所有信簿及日记，不幸皆燬。经过历史，莫从查叙。惟其特异之点，即赫前总税务司于巡察各处灯塔时，而以此为其首驻褾帷之地是也。赫氏为中国第一任海关总税务司，亦即中国灯塔创始之元勋。曾于同治十一年五月二十五日（1872年6月27日）莅临该塔，迄今来宾簿内，签名墨迹，赫然犹新。此外英国名人留鸿爪于该簿者。光绪五年（1879年）则有孟生爵士。爵士为著名热带病症研究家，彼时适任厦门关医员，故乘机至此焉。

该站案卷，虽燬于火，文献无征，然传闻该站职员，对于所用机械，颇知加意改良，将其试验经过二则，分述如左。

该站于光绪十七年（1891年）间，为警示船只起见，特设棉花火药雾炮一具，炮后置横臂一，以便需用时，得藉电力发放。曾经光绪十八年（1892年）、十九年（1893年）两年之试用，但据航海家之意见，暨直接听闻之证明，则断定新炮发声，尚不及普通炮声之巨。加之雷管易受潮湿，常不发火。于是光绪二十年（1894年）此项试验，遂告停止。翌年即将该项装置拆除矣。

五时日光信号机传达信号方法，曾因英军试用于印度，颇着成效。该岛遂于光绪三十二年（1906年）积极筹设一具，以便传达厦斗、东碇岛、北碇岛间往来之信息。曾有数次，得于预定期内，所发闪光信号，彼此均可瞭及。惟期其传语清晰，卒不可得。该项试验，遂亦中辍。民国六年（1917年），曾有猛烈飓风莅临该站。民七（1918年）二月之地震，该站所蒙损失之巨，亦与华南沿海各处灯塔相同。此外该站轶事足资谈助者，即为下级职员某。于民国十六年（1927年）发明一精巧木楔，置诸旋转灯机之内，使其发条停止，摆锤且不下坠，俾免他人察觉。彼乃得于服务时间，蝶梦栩栩，计亦点矣。"

（六）青屿灯塔

青屿灯塔建于同治十三年（1874年）[1]，位于厦门市思明区鹭江街道青屿岛的北侧突出斜坡岸边，是厦门海关税务司所建造的第二座灯塔，也是厦门外港入口处第二座灯塔。在大担灯塔南边，距厦门不及7海里，为英侵华时所建，便利了船只进入厦门的外港。从建塔之初到1982年，青屿灯塔先后由厦门关、交通运输部航务总局、海军管理。1880年以前，青屿灯塔值事人员均是洋员，华员大多充当苦力，其后随时政沉浮几度变更。据清朝朱元正《福建沿海图说（附海岛表）》载："青屿有灯塔，详海岛表。青屿在浯屿西北五里（2.5千米），有灯塔，系透镜红白二光长明灯，光点距水面十一丈五尺（38.33米），晴

---

① 邓孙禄，叶志愿. 厦门港志［M］. 北京：人民交通出版社，1994：49.

时应照三十里（15 千米）。"

光绪元年（1875 年）12 月，青屿灯塔灯光第一次启用点火，设备是引进法国巴比尔公司制造的四等透镜一白二红弧形定光灯，贮油灯配以二芯"道特式"灯头。1895 年，厦门关开始有计划地对已陈旧的青屿灯塔进行设备更新，以增强灯塔烛力。1905 年，改装煤油蒸汽灯，配以 35 厘米白炽纱罩。1909 年，青屿灯塔改装了 85 厘米白炽纱罩煤油蒸汽灯。1929 年，青屿灯塔改装成自动化电闪灯，仍闪红、白光。1974 年 7 月，为适应厦门港开放之需要，重新维修临时恢复发光。1882 年年底，海军移交由厦门航标区接管。1983 年，青屿灯塔移交交通运输部后，交通运输部海事局投资对沿海灯塔进行了修缮和改造，改为无人值守灯塔。1987 年 10 月，维修塔身、保养塔帽、栏杆，并更换原灯笼玻璃为有机玻璃。1988 年 1 月，更换 AGAφ375mm 灯头为 FA-251 灯头，周期由原来的 2+8 改为闪（4）12 秒，同时装置太阳能设备，TDB100 * 100 * 36-P 板八块，酸性 B-240 电池 36 节。1991 年 8 月，维修塔身基座，改建电池屋。1992 年 4 月，蓄电池更换为 GAM-300AH-24 节。1992 年 5 月，安装 PRB46-1 型灯头及灯器，加一组蓄电池 12 节，配置一组 15 千瓦的柴油机供电（委托驻军代管），闪光周期改为闪（3）白 20 秒。1993 年 1 月，因灯器出故障，闪光周期又改为闪（4）白 12 秒。1993 年 5 月，PRB-461 灯器撤下，更换为 FA-251 灯器，8 月又更换为 ML-300 灯器。1996 年 5 月，灯器又更换 FA-251，同时停止使用柴油机供电。1997 年 5 月，灯器改为 ARP-252。1998 年 11 月，改造灯塔环境、更换灯笼（上海航标厂制造）、修造道路、塔身外墙贴红白竖条瓷砖。1999 年 5 月，这座百年老塔装进了 TRB-400 型现代最先进灯器，射程达 18 海里。1983-2000 年，为使"沿海灯塔亮起来"，交通运输部海事局投巨资，多次对青屿灯塔进行改造。2005

年，青屿灯塔被厦门市人民政府批准成为第五批市级文物保护单位。2013 年，上升为福建省文物保护单位。

中华人民共和国海事局关于公布《厦门水域船舶定线制》和《厦门水域船舶报告制》，自 2022 年 3 月 1 日起实施。青屿灯塔报告线由以下坐标点组成的连线：24。21′12″N，118。06′12″E 和 24。24′33″N，118o13′14″E。

《中国沿海灯塔志》载："自东碇岛驶往厦斗，行未十四海里即达青屿，上建灯塔，是为厦斗关所属之第二灯，亦即外港进口二橙中南之一也，该灯甚小，最初计划，木拟建于邻岛日屿之上，以代大担岛所置之旧灯，但地点终定于青屿之北坡。光绪元年十一月十六日（1875 年 12 月 13 日）开始燃点，系四等透镜一白二红弧形定光灯。而为指示各处险滩之用。唯向大陆周径九十度方面，并不放光，灯机系由法国巴比尔公司承造，装置贮油灯，配以二芯道特式灯头，以为发光之具。白色弧光烛力九百六十枝，红色弧光烛力五百三十枝。宣统元年（1909 年）改装煤油蒸汽灯，配以三十五毫米白炽纱罩。民国十八年（1929 年）后，又将旧式棉胶质纱罩撤销，而以自燃式纱罩代之，故白光烛力增至八千枝红光三千枝。岛畔突出之坡，开凿使不平，灯站即建于上，灯塔乃系砖筑，为八角形，饰以红白相间直纹。灯光高出水面一百三十英尺（39.624 米）。码头附近，现有中国海军水雷营屯驻。其余岛中各处，并无人居。惟昔日炮垒废址及海陆军营寨，触目皆是。自灯站沿岭而西南、则石垣、屋宇、路径、水池各道迹，尚皆隐约可辨。据当地居民相传，清初郑成功曾在该岛建筑要塞一处，并于岛屿树警标一具，以备敌人攻击或有警时，作为通知厦门之用。然细察灯站上方之炮垒旧址，建筑之期，似不甚远。盖以围墙，系用泥灰与介壳所策，未必历经三百年之久，尚屹然犹存也。至该岛西南端隐蔽之处，亦有炮垒一座。四周草木丛生，可作掩护，故其遗址，尤为完整。据道光二十三年二月（1843年3月）英文中国汇报所载，该两炮垒或为道光二十一、二年（1840年及1841年）间保护厦门防御英国海军之用者也。该站记录，虽系完全无缺，然兴趣之事，则殊不多见。青屿附近，屡有帆船沉没或搁浅。遇难船员，幸得灯塔职员之援助与收容。民六台风，青屿受灾深重，与东碇岛不相上下。而民七二月大地震，亦有损失。华籍管理员中有名李吉者，自该灯开燃之日起，即服务该站直至光绪三十一年（1905年）始行辞职，在职计达四十三年之久。管理主任一缺，自光绪七年（1881年）至宣统三年（1911年），中间除数月假期外，皆由洋籍管理员穆得禄君充任。嗣后该站则由华员管矣。青屿对面陆地，有高塔一座，崔巍独立。考其轶事，较之望夫山、怀清台尤足令人酸鼻。缘数百年前，建沿岸居民经商异域者，概乘帆船以涉重洋，有大腹某，航海贸易，愆期未返。其妇日夜焦思，因筹建斯塔，以为良人归来指南针。数年后，该商果囊橐充盈，扬帆而回。人之际，察其方向，深信己抵故乡，讵高塔突现，骇为航程有悮，竟废然他往，以后途不知所终云。"

（七）北碇岛灯塔

北碇岛灯塔设于厦门区北碇岛山顶。1882年建造的北碇岛灯塔，位于厦门区北碇岛山顶，为一砖造白色圆形灯塔。北碇岛灯塔顶端的灯器二战遭盟军炸燬，民国三十六年另设三角形铁架，1986年整修原塔身，灯器由铁架移设原塔顶。北碇岛东西狭窄、南北细长，在南北两端缓缓有延伸入海的礁岩，因此涨潮或是飓风来袭时附近海域便相当危险，也因此乃有该灯塔的建造。

据《中国沿海灯塔志》载："厦门灯务，外港进口，既有青屿与大担岛双塔对峙。而口外海上，复有东碇北碇两灯，照耀南北，以次序言之，北碇岛灯塔，乃居四灯之末。该灯建于北碇岛之上。而北碇岛则位于金门岛东端北碇头东南约二浬地方，故该灯以北碇岛名之。该灯不仅为指示北来船只驶入厦埠之用，且以光力甚强，复为华南沿海各灯连锁之主。

光绪元年（1875 年）海务科总工程师，即建议北碇岛应建灯塔，以利航行。然至光绪五年（1879 年）始向欧洲定购灯机，迨光绪九年九月十八日（1883 年 10 十月 18 日）新灯始行放光。惟一年以前，已设有临时灯一盏也。该灯原为头等透镜二红二白弧光明灭相间灯，设有六芯灯头，燃用煤油，白光烛力为一万五百枝，红光则仅三千枝。至民国二年（1913 年），改装煤油蒸汽灯，配以八十五公厘白炽纱罩。于是白光烛力，增至三万五千枝，红光亦增至一万枝。该灯改良之后，当时灯塔管理员对之，曾谓新灯简单精巧，构造甚佳，殊堪满意，洵为英国张氏兄弟公司出品中最佳之专利品也。站中职员亦莫不曰"从此夜间不再修剪参差灯芯矣"。其欣然之色，溢于言表，似此诚恳感激之表示，深希制造者可得而闻也。民国十年（1921 年）该塔复改置张氏兄弟公司所造二等旋转镜机，每十五秒钟联闪二次，烛力四十万枝，既有强烈闪光，红色弧光，遂予撤销。十五年，复装自燃式白炽纱罩灯头，以代棉胶质者，于是闪光烛力增至六十九万枝矣。

塔为砖筑，间镶花岗石缘于内，以期坚固，更用花岗石为面，饰以白色。该塔筑于北碇岛南端高峰之上，灯光高出水面一百四十七尺（49 米）。灯站面积，占有全岛。房屋周围，虽系铺砌，而灯塔与宿舍之间，则高台突起，上覆草土，整洁可观。其余地势低洼，植物不过数种，且尽属野草之类。大树灌木，难觅一株，殊无欣赏之处。而祖裸突出之岩石，则环绕全岛，难于潮涨之时，亦露水面。北端礁石伸入海中者，长且数百码，所占面积既广，致使该岛变为海带产生之地。中有两种，可以佐餐，渔人咸来采集。内有一种，畅销于日本市场。著者握管编辑本志之时，每担值洋四十七元。其他一种，与海藻相似，干时变为黑紫色。据洋籍管理员称，用以制汤，味亦甘美。当光绪八年（1882年）灯塔兴造之初，无识渔人，群相骇遽，深恐采集海带之权，行将丧失。于是搜集各种想象之词，对于所有建筑人员，从事攻击，借以阻止工程之进行。卒之洋籍工程师及监工员之舌人某，竟为群矢之地。遂以盗窃海带罪北控法庭，因而不得不离职回沪。嗣后该案逐渐消灭，其余各人，始恝然置之。

数年前该岛曾选为洋籍灯塔管理员训练之所，惟现在各站管理员缺，皆逐渐由华人补充。前项计画，遂亦无形取消矣。

该岛与东碇岛及厦门两处，曾于光绪三十二年（1906年）间，以日光机信号，为传达消息之试验，但无效果而罢。据该岛管理员所记之情况，与东碇岛无异。盖凡由东碇岛收发之闪光信号，彼等均可了及，惟所传之语，实难明晰耳。

该岛附近船只失事之事，并非罕见。而职员救济工作，亦甚周至，惟因密迩人口众多面积宽大之金门岛。且中间仅隔二浬宽之北碇航门，所有舢板及渔舟失事，皆就近向彼方呼援。故该岛并无重要案件，或特特殊情事可资记述也。"

（八）八卦楼

八卦楼作为厦门近代建筑的代表和原来海轮出入港的航标，坐落于笔架山，建于清朝光绪三十三年（1907年），于1920年左右完工。因为顶窗呈四面八方十六向，底座为八边形，因此得名。八卦楼10米高的红色圆顶成为海轮出入厦门港的航标。

八卦楼颇具建筑艺术。八卦楼由原鼓浪屿救世医院院长美籍荷兰人郁约翰设计。郁氏借鉴巴勒斯坦、希腊、意大利和中国一些经典建筑风格，设计出这幢融东西方建筑文化于一体的独特的仿古建筑。红色圆顶是直接模仿世界最古老的伊斯兰建筑巴勒斯坦阿克萨清真寺的石头房圆顶。82 根大圆柱是参照 5 世纪建造的古希腊海拉女神庙的大石柱；柱间平托的石梁和线条，可从希腊雅典广场的赫夫依斯神庙看到；十字形通道源于希腊，后用于罗马教堂；古希腊的陶立克式和爱奥尼克式柱头装饰和压条下的青斗石花瓶，充分展示中西结合的古典美。八卦楼建筑艺术精美，成为厦门的标志性建筑。

八卦楼有解放军解放马巷和同安的红色遗迹①。1958 年厦大物理系部分师生借用鼓浪屿八卦楼进行教学科研②。中华人民共和国成立后，初为厦门鹭潮美术学校（福州大学工艺美术学院的前身），后政府拨款全面返修，为市科委大楼。1983 年，厦门市政府决定将八卦楼辟为厦门市博物馆，经过几年的筹展，于 1988 年 5 月正式对外开放。2006 年，厦门市博物馆搬至厦门市文化艺术中心，八卦楼改为厦门市风琴博物馆，位于厦门市思明区鼓新路 43 号，与在东南部菽庄花园的钢琴博物馆交相辉映。

《闽东行》③ 诗曰："先沐鼓山峰云雾，再过安平桥石铺。后览八卦楼宇古，闽东驱车行一路。"黄拔荆，林丽珠主编《鼓浪屿杂咏》诗曰④："览古观今八卦楼，楼中文物即春秋。残篇折戟皆瑰宝，应有知音络绎游。"黄建琛《咏海上花园鼓浪屿》⑤ 诗曰："八卦楼高耸，依仗

---

① 中国人民政治协商会议厦门市同安区委员会文史资料委员会编. 同安文史资料 第 27 辑 [M]. 中国人民政治协商会议厦门市同安区委员会文史资料委员会，2009：86.
② 厦门大学物理系. 自强不息之路 纪念厦门大学半导体学科建设五十周年 [M]. 厦门：厦门大学出版社，2007：38.
③ 宋平. 太阳世界 宋平诗集 [M]. 北京：大众文艺出版社，1997：165.
④ 李保栽，赵涛. 中国古塔大观 [M]. 郑州：河南科学技术出版社，1987：221.
⑤ 黄建琛. 养心斋吟草 [M]. 北京：团结出版社，2002：54.

众景托。环屿乃弹丸，别墅丛交错。典雅建筑群，栉比留佳作。西望海沧桥，高峻势磅礴。我爱嘉禾人，出手苍龙缚。春风临海隅，金波长闪烁。吉日猎奇忙，视阈顿开拓。珍禽舞青池，翩翩兰孔雀。入晚华灯烂，宝光射天幕。如此美大千，素材满囊橐。安能此结庐，长伴好丘壑。融身大自然，得失成抛却。"

(九) 灯浮灯桩

厦门内外港隐蔽危险处都设置有浮标、信号标和浮筒顶标等航行标志。光绪八年（1882年）五月，设置2个圆形浮标于厦门内港南方入口处的内户槌礁石①。11月，在靠近章鱼礁的南边发现了一处由3块礁石组成的礁区。次年（1883年）9月，在内港区离高水礁偏东290大约425英尺（129.54米）的地方，发现一块礁石。光绪九年（1883年）1月，在金门沙尾西南偏南尽头设置一个红色圆形浮标，光绪十一年（1885年）8月又用一个能自动鸣笛的浮标代替。这种新式浮标的设置，更加保证船舶航行的安全。同年11月13日，在厦门外港卡斯岬不远处的暗礁旁设置一个浮标②。光绪十三年（1887年）2月，在内港德记洋行的浮筒地段发现一块礁石，礁石上部水深仅14.6英尺（4.45米）。这些礁石发现后，都安装了浮标信号，以免船舶触礁。光绪二十二年（1896年）1月，德国军舰"凯撒"号在进入厦门港南侧水道的触礁。该处位于靠近东外户桎和内户桎之间，以后安置了一个浮标。1903年5月，在进港航道上新发现一片礁石滩，安置了1个圆锥形黑色浮标。

---

① 厦门港史志编纂委员会. 厦门港史［M］. 北京：人民交通出版社，1993：124.
② 邓孙禄，叶志愿. 厦门港志［M］. 北京：人民交通出版社，1994：56.

1903 年，英国人为了测绘厦门内港海图①，在厦门港与鼓浪屿岛之间的江心礁设立验潮水尺。水尺建在江心礁礁盘的花岗岩黑色标桩上。标桩的北面和东面各漆有白底黑字标尺，每格 1 英尺（0.3048 米），标高 240 英尺（73.152 米）。江心礁水尺零点为"外户碇礁顶点"（即厦门海关零点或厦门零点）之上 1.5 英尺（即 0.4572 米），11 英尺（3.3528 米）以下标度绘于礁石上。

（十）信号灯

清同治二年（1863 年），在大担岛的庙宇门口每夜由和尚点灯，作为船舶航行的信号。这是厦门港有史依来第一个信号灯②。

（十一）信号旗

清光绪三年（1877 年），在白鹿洞竖一旗杆，作为船舶航行厦门港的信号旗③。厦门港内的航道和航标也进行了整治。当时由于船舶进出港增多，船型越来越大，在进入港口航道后经常触礁出事，引起了港口当局的重视，开始对厦门港内航道航标进行了整治。同治七年，厦门关税务司购置鼓浪屿的一部分地产，建立升旗站。

（十二）烟墩

清朝在沿海城市建筑烟墩，能传递海上丝绸之路海口区域的安全信息，防止海盗袭击沿海村镇。烟墩是海上丝绸之路的重要设施，在中国

---

① 蒋福媛主编；《厦门交通志》编纂委员会编. 厦门交通志［M］. 北京：人民交通出版社，1989：242.

② 邓孙禄，叶志愿. 厦门港志［M］. 北京：人民交通出版社，1994：13.

③ 邓孙禄，叶志愿. 厦门港志［M］. 北京：人民交通出版社，1994：15.

沿海起着助航标志作用。

湖野山烟墩在漳州市诏安县梅岭镇东门村湖野山顶峰，建于明朝初年，呈圆形，由三合土筑成，直径约 6 米，民国未年仅存遗址。新中国成立后驻军在原有遗址用石条砌为碉堡，1996 年已废。真武山烟墩在漳州市诏安县桥东镇外凤村真武山顶，建于明万历二年（1574 年）。有大小两个，相距 10 多米。大烟墩边长约 8 米，高约 5 米；小烟墩边长约 3 米，高约 1.5 米，均呈方形，由三合土筑成。1996 年仅存遗址。

《海道图说》（附长江图说一卷）载："蟹岛与南澳间之水道内有石不易通行又距南澳东面四分里之一有陡岸曰南角其上有三烟墩。"《海道图说（附长江图说一卷）》载："蟹岛与南澳间之水道内有石不易通行又距南澳东面四分里之一有陡岸曰南角其上有三烟墩。"李廷钰《海疆要略必究》[①] 载："直看南门港心礁，横看有烟墩塔鼻头……磁头埯。有妈祖宫，前对有纸虎礁一块，对北有覆鼎塔，上白屿归中，北看磁头山，有烟墩塔。"

三、航标史料

海务部门对本行业内部业务资料进行了积累，对内部管理做了许多总结和科学规范。《灯船、浮标和灯塔报告》（Report on Lights, Buoys, and Beacons），1875 年创刊，1 年 1 期，直到 1908 年。由海关造册处编写，自 1875 年起每年一期，直至 1908 年，属于第五类官署系列，每期一个编号，主要反映沿海沿江各地的灯船、灯塔、浮桩等方面的情况。1875 年，1877-1880 年，1882-1908 年各期收入总署丛书。

1884 年海关印发了《新关灯塔灯船诚程》共 10 卷，其中"灯台管

---

① 陈佳荣，朱鉴秋. 中国历代海路针经［M］. 广东科技出版社，2016：973.

理条款"5卷，"灯塔主事人员诫程"96条，"灯塔帮事人员诫程"8条，"灯塔理灯各项诫程专款"15条，"存用石油专款"6条，"灯塔处理各镜与环灯斜回助照之玻璃片专款"22条，"沿海各灯塔处理油漆条规"42条，"灯塔处理雾天炮号诫程"25条。还有一些关于灯塔主事人、帮事人条款的注释及灯塔各种记录表、簿、册等25种；"灯船事务诫程"5卷，"船正诫程"103条，"船副次副诫程"7条，"灯船司灯诫程事务"71条，"雾天号角及警报告急诸号识"14条，"续灯船诫程"35条。1923年又增订《华班灯塔主事人诫程》16条。

1903年总税务司署制订《各海关设立灯塔、浮桩指示行船章程》，对航标类型、规格与作用做出统一规定。

1911年总税务司署造册处编辑出版了《1909-1910年海务年报》，以后每年编辑出版，内容有海务、江务机构设置变动，航标增撤及失常统计，航标人员船艇统计及港口、内河航道变迁等资料。

近代海关内部出版物中也曾刊印过数幅港区或灯塔等专题海图，如1893年《厦门内港图》[①]（Chart of Amoy Inner Harbour），1895年《中国灯塔分布图》（Chinese Light House Chart）等。《灯塔说明》（Lighthouse Instructions），第1辑1870年出版，此后于1877年、1884年、1908年相继出版第2辑、第3辑和第4辑。《灯船说明》（Lightship Instructions），有1870年、1877年、1884年等3辑。

（一）《厦门海关十年报》

《厦门海关十年报（1882-1891）》载："在过去几年中，该港口的引水道没有发生变化，没有发生明显冲刷，也没有航道关闭或加深。在

---

① 中国地理学会历史地理专业委员会，《历史地理》编辑委员会编. 历史地理 第三十辑［M］. 上海：上海人民出版社，2014：275.

内港和外港都发现了几块礁石。1882 年 11 月在南部章鱼礁灯桩附近发现了一块由三块岩石组成的礁石。1883 年 9 月在内港发现了一块沉没的礁石，大约 425 英尺（129.54 米），在 High Water 礁石的南偏东 29度。1885 年 9 月德国的横帆双桅船 Minerva 号在外港 Cass Spit 触碰了一块迄今未知的暗礁。1887 年 2 月在内港 Messrs. Tart 灯浮附近发现了另一块此前闻所未闻的礁石，在大潮的低潮面礁石上的水深只有 14 英尺6 英寸（4.42 米）。浮标随后被移到远离危险的地方。最新一次发现暗礁是在 1890 年 4 月，在内港的南部入口，距离恶落门礁西南方向略超过 4 根电缆长。南部所有灯的控制权都由本办事处负责，可能预料在这次主要提及不止位于厦门海关区适当区域的新灯塔，还有那些在我们的边界之外、周围的，可能有特别兴趣。虽然石碑山灯塔是在十多年前开放的，但结构在某些方面是如此的显著，以至于简短提及它不可能视为在这里不在正确的位置。塔架由一个直径 7.5 英尺（2.29 米）分段轻型锅炉钢板组成，其中包括一个铸铁螺旋楼梯，围绕铸铁柱。在大约70 英尺（21.34 米）的高度，塔的直径增加到 12 英尺（3.66 米），这样就形成了一个服务室，其中有灯壳和设备。塔架上有几根强力的锻铁牵索，用另一个螺栓固定在硅酸盐水泥混凝土中，并配有中央支撑，以防止牵索在暴风天气下振动。在地基上使用了大约 1000 吨混凝土，为此从欧洲运出了 1000 桶以上的水泥。这灯塔本身具有一阶屈旋光性，是台北的第一支明灭相间灯，明灭相间灯屏用一个特殊设计的由重物驱动的齿轮发条装置来升降。

　　北碇岛灯塔于 1882 年 10 月 18 日首次点燃。这种光装置是一种折射一阶固定光，其显著特点是光的突然全部黯色，由齿轮发条装置工作的垂直下降屏幕以固定的间隔产生。明灭相间齿轮和屏幕与石碑山灯塔处的完全相似，齿轮发条装置也一样，只是特别安排了灯质周期和明灭在两个站都是不同的。这座塔是铸铁的，有锻铁地板，结构非常坚固；灯笼式天窗有易于调节的钢制百叶窗，可以保护它，与塔相连的是一个避难所，用锻铁板建造，足够大，供应充足，当封锁情况下在援助到来之前可容纳所有的工作人员。在厦门港入口处大担岛上的旧中国灯塔，一段时间以来一直处于一种不令人满意的状态，在1888年6月被一种全方位可见的六级屈光明暗相间灯所取代，有双暗。这里没有塔楼，而是一个修铁的小屋，灯罩在使用时放在上面，通过一个非常简单的安排，守塔人可以把灯罩放在里面，以便清洁或白天使用。这盏灯，除了位于烟台区的 Howki 岛，是中国沿海海拔最高的。1882年5月，两个有不同颜色方格图案的圆锥形浮标被放置在厦门内港南口，来标记内户碇礁。1883年1月13日，一个红色的圆锥形浮标被放置用来标记金门的南南西（SSW）末端。1885年8月1日，这个浮标被一个巨大的红色自动浮标所取代，这个浮标现是此处的标志。1885年11月13日一个浮标被放置在厦门外港，以标记德国横帆双桅船 Minerva 号在 Cass 发现的礁石。"

《厦门海关十年报1892-1901》："引航道无明显变化，也无须疏浚。自1896年以来，由于发现了一块岩石，该岩石位于外户碇礁西浮桩和内户碇礁西浮桩之间，在低潮处有11英尺（3.35米）高，因此港口南部入口的西航道几乎已关闭。海岸检查员亲自核实了这块岩石的位置，并决定不需要标记危险。这块岩石绘制在英国海军部的厦门内港平面图上。1896年1月，德国战列舰"凯撒"号进入南部入口的东航道，触碰了一块岩石，它几乎位于外户碇礁东浮桩和内户碇礁东浮桩的中间，在低潮处有20英尺（6.10米）高。这种危险很快得到了缓解。

在本报告所述的十年期间，在南段已有灯的基础上，只增加了一盏横澜灯塔，于1893年5月9日首次点燃。照明设备是旋转的、屈光一级。由于九龙后的领土被割让给英国政府，在 1901 年 3 月 1 日，这盏灯被移交给了香港殖民当局。由于中日战争的影响，1894 年 8 月 4 日和 9 日，本署控制下的台灯停止使用，并分别于 1895 年 3 月 26 日和 8 月 17 日移交日本政府。东犬灯塔、牛山岛灯塔、东碇岛灯塔和南澎岛灯塔于 1899 年 6 月从植物油灯转换为矿物油灯，现在整个路段仅使用一种照明光源。牛山岛灯塔和南澎岛灯塔的特性也在同一时间由固定灯变为定时隐蔽灯。1899 年，向东犬灯塔、牛山岛灯塔、乌丘屿灯塔和南澎岛灯塔提供了比目前使用的口径更大的新雾炮，使这些站的雾信号更加有效。

过去的三年里东碇岛灯塔和南澎岛灯塔建造了独立的油室，东犬灯塔、乌丘屿灯塔、南澎岛灯塔建造了火药库。这些属于被批准的类型，建议在本段所有站逐步建造类似的建筑物。考虑到站暴露的位置，风暴等对站造成的损害相对较小。1896 年 6 月 23 日晚，乌丘屿灯塔被闪电击中，但造成的损失微不足道。唯一严重的是在 1898 年 8 月 29 日牛山岛灯塔遭遇台风袭击，外国和本国的居民区失去屋顶，东部、西部的组合墙被夷为平地。工作人员被迫在塔里避难。灯塔人员的健康状况一直很好，几乎没有严重疾病，只有 1899 年 10 月 3 日一名外籍灯管理员死于痢疾，没来得及得到医疗救助。1901 年 4 月牛山岛灯塔的外籍和本地工作人员患上了麻疹，但所幸都康复了。另一名外籍灯管人员在该站连续居住 8 个月后，在南澎岛灯塔患上了伤寒。"

《厦门海关十年报 1902—1911》："港务局长 J. H. Barton 先生说，在过去十年中，通往港口的航道没有发生明显变化。然而在 1902 年 10 月，发现了一块岩石，在最浅的部分，在大潮的低潮处水深 19 英尺 （5.79 米），位于安佩里厄礁东面有一半电缆的长度。1903 年 5 月，一个 6 英尺（1.83 米）长的顶端有灯槽、漆成黑色的圆锥形浮标被放置在这处危险的东面。1903 年 1 月至 4 月，副海岸督察在轮船 Kaipan 号（航海图 2752-1764）的船长和高级船员的协助下，对内港进行了一次勘测。1904 年 1 月，H. B. M. D. Rambler 将内港的西航道搜索至基准面以下 30 英尺（9.14 米）的深度进行测深，没有发现碍航物。在本报告所述的十年中，在南段已有灯的基础上增加了以下两个新灯：遮浪角灯塔于 1911 年 6 月 3 日首次点燃。照明器为一级组闪烁，每 20 秒有三个白光连续快速闪烁。闪光灯功率约 49 万烛光，在 19 英里（30.58 千米）以外的晴朗天气中应该可以看到。东引岛灯塔于 1904 年 7 月 1 日首次点燃，照明器为一级组闪，每 20 秒有三个白光连续快速闪烁。晴朗天气里在 25 英里（40.23 千米）以外的地方应可以看到光线。1909 年石碑山灯塔、牛山岛灯塔和青屿灯塔的灯从烛芯改为白炽灯，大大提高了功率。"

（二）《中国沿海灯塔志》

《中国沿海灯塔志》（The coastwise lights of China : an illustrated account of the Chinese maritime customs lights service）是班思德（Banister, T. Roger.）在晚清时任海关副总税务司时所着。此书是中国第一部沿海灯塔志，介绍了中国沿海灯塔的起源、发展、构造及位置等。内有约百幅影像照片。1933 年出版，有英文版、中文版两种，中国海关总税务司署造册处出版的《海关出版图书目录》评价此书："中国沿海灯塔，创自清同治初期，历数十年惨淡经营，始有今日之规模。本书系就海关管理经过，详为叙述. 山海关副税务司班思德奉总税务司命令编撰. 所有海芬科之缘起，沿海灯塔之沿革，以及内河航行之设施，均一一列载无遗。附有铜版图多帧，尤便观览。"

表 3-2 福建通海港湾航标设置表

灯塔英文名	灯塔中文名	初次点灯（年）
Tsingseu island light	青屿灯塔	1875
Taitan island light	大担岛灯塔	1863
Dodd island light	北碇岛灯塔	1882
Ockseu Light	乌丘屿灯塔	1874
Turnabout Light	牛山岛灯塔	1873
Middle dog Light	东犬灯塔/东莒灯塔	1872
Tungyung Light	东引岛灯塔/东涌灯塔	1904
Incog island light	七星山灯塔	1908
Chapel Island Light	东碇岛灯塔	1871

（三）《通商各关警船灯浮桩总册》

从 1877 年开始，总税务司署造册处刊印《通商各关沿海沿江建置灯塔、灯船、灯杆、警船浮椿总册》（*Report of the Chinese Lighthouse，Light-vessels，poles，Police Boats and Buoys*），1883 年更名为《通商各关警船灯浮椿总册》，每年一期，至 1908 年后改刊为《总税务司署船钞部年刊》（*Report of the Marine Department*）为止。每期首先是一张《通商各关沿海建置警船灯各地方总图》，接着用表说明这些灯的名称、编号和设置地点，以及各海关分划的界限。然后是对本报告内容的说明，即所开通商各口之灯塔、灯船、灯杆、警船、浮椿等建置之处一切情形。上海海关档案室现所收藏的船钞部、海政局、海务科年刊，截至 1937 年，一年一期。

光绪三十二年（1906 年）《通商各关警船灯浮桩总册》载，厦门关，自东澎岛起至泉州府泉州港止。闽海关，自泉州府泉州港起至福宁霞浦县南镇澳止。光绪三十二年（1906 年）通商各关灯浮桩数目清单如表3-3所示。

表3-3　光绪三十二年（1906年）通商各关灯浮桩数目清单

关	灯	浮	桩	共
厦门关	4	10	17	31
闽海关	5	13	10	28

厦门关灯塔：第三十七灯，泉州府同安区东碇岛顶上设有黑色圆形塔一座，自基至顶高五丈四尺（18米），上置头等透镜四面白光放焰长明灯，每半分时放焰一次，灯火距水面十九丈三尺（64.33米），晴时照见六十六里（33千米）。塔在纬度北二十四度九分四十九秒，经度中国中线东一度四十四分四十二秒，英国中线东一百十八度十三分三十秒。守灯房垣俱白色，遇大雾时该守灯人等，若闻船只有用防险号者，如鸣钟、吹戒险螺、放汽等，即放炮二次，每次见时三分，该船续用防险号者即知。船仍行驶应再俟十分时放炮二次，以示灯塔所在。同治十年（1871年）设。

厦门关第三十八灯，漳州府海澄县青屿北坡上设有红白二色竖条八角形塔一座，自基至顶高二丈八尺（9.33米），上置四等透镜红白二光长明灯，灯火距水面十一丈（36.67米），晴时白光照见四十五里（22.5千米），红光照见二十四里（12千米）。自北一度东经起，经正北至北五十七度西止，俱见红光。自北五十七度四西起，经正西正南至南五十度东止，俱见白光。至南五十度东起至南八十九度东止，又见红光。塔在纬度北二十四度二十一分五十八秒，经度中国中线东一度三十八分三十八秒，英国中线东一百十八度七分二十六秒。守灯房垣俱白色。光绪元年（1875年）设。该守灯人等，如闻船只有用防险号者，若鸣钟、吹戒险螺、放汽等，即放炮一次，该船续用防险号者即知。船仍行驶应再俟四分时放炮一次。

厦门关第三十九灯，泉州府同安区厦门口北路大担岛上设有白色铁灯房一座，自基至顶高九尺（3 米），上置六等透镜四面白光乍明乍灭灯，每明十四秒即灭二秒，又明二秒再灭二秒，后明十四秒，循环其间。灯火距水面二十五丈五尺（85 米），晴时照见三十里（15 千米）。灯房在纬度北二十四度二十三分十六秒，经度中国中线东一度四十一分十二秒，英国中线东一百十八度十分。同治二年（1863 年）原设，光绪十四年（1888 年）修改。

厦门关第四十灯，泉州府马港厅厦门口外北碇岛顶上设有白色圆形塔一座，自基至顶高六丈七尺（22.33 米），上置头等透镜红白二光乍明乍灭灯，每明二十六秒即灭四秒。灯火距水面十二丈五尺（41.67 米），晴时照见五十四里（27 千米），自南五十一度西起，经正西至北六十二度东止，俱见白光；自北六十二度东起至北七十四度东止，俱见红光；自北七十四度东起，经正东至南三十一度西止，仍见白光；自南三十一度西起至南五十一度西止，有见红光。塔在纬度北二十四度二十五分四十四秒，经度中国中线东二度一分二十三秒，英国中线东一百十八度三十分十一秒。守灯房垣俱系白色。遇大雾时该守灯人等，若闻船只有用防险号者，如鸣钟、吹戒险螺、放汽等，即放炮二次，每次见时半分。该船续用防险号者即知。船仍行驶应再俟十五分时放炮二次，以示灯塔所在。光绪八年（1882 年）设。

厦门关灯浮：厦门关第一浮，泉州府同安区厦门内港南路外户碇礁向东附近地方，设有黑白方格警船浮一个，切水面外径五尺一寸（1.7 米），浮下水深三丈七尺（12.33 米）。往来船只不宜行于此浮及该礁西边之浮两浮之间，以防触礁之患。

厦门关第二浮，泉州府同安区厦门内港南路外户碇礁向西附近地方，设有红白方格警船浮一个，切水面外径五尺一寸（1.7米），浮下水深三丈四尺（11.33米）。往来船只不宜行于此浮及该礁东边之浮两浮之间，以防触礁之患。

厦门关第三浮，泉州府同安区厦门内港南路内户碇礁向东附近地方，设有黑白方格警船浮一个，切水面外径五尺一寸（1.7米），上有黑色条编圆球，浮下水深五丈三尺（17.67米）。往来船只不宜行于此浮及该礁西边之浮两浮之间，以防触礁之患。

厦门关第四浮，泉州府同安区厦门内港南路内户碇礁向西附近地方，设有红白方格警船浮一个，切水面外径五尺一寸（1.7米），上有黑色条编圆球，浮下水深五丈三尺（17.67米）。往来船只不宜行于此浮及该礁东边之浮两浮之间，以防触礁之患。

厦门关第五浮，泉州府同安区厦门内港内砂石西北边之旁，设有红黑方格警船浮一个，切水面外径五尺一寸（1.7米），浮下水深四丈（13.33米）。凡往来船只，不宜行于此浮及厦门岛之中间。

厦门关第六浮，泉州府同安区厦门内港内土尾之北角，设有红黑竖条警船浮一个。切水面外径五尺一寸（1.7米），浮下水深三丈（10米）。往来船只不宜行于此浮及鼓浪屿岸之中间，以防触礁之患。

厦门关第七浮，泉州府同安区金门岛大沙尾西南角外，设有红色自鸣风笙警船浮一个，切水面外径八尺五寸（2.83米）。浮下水深四丈八尺（16米），浮上以白色书有洋文 QUEMOY，即系金门字样。往来船只不宜行于此浮及金门岛岸之中间，以防触礁之患。

厦门关第八浮，泉州府同安区厦门鼓浪屿之西南方洋面于该处所有墓前礁沙尾东南角之暗礁之外，设有黑色警船浮一个，切水面外径五尺一寸（1.7米）。浮下水深一丈三尺（4.33米），浮上以白色书有洋文

MINERVA，即系兔那华字样，系得过夹板船名，因触此礁，故以船名礁。自浮视猴屿之顶为北二十四度半东。又视鼓浪屿之旗仔尾尾北六十二度东，又视厦门岛之头巾礁为南八十五度东。往来船只不宜行于此浮及生屿之中间，以防触礁之患。

厦门关第九浮，泉州府同安区厦门内港南路内户碇向之间有礁石一段之东边，设有黑色警船浮一个，切水面处五尺一寸（1.7米）。每朔望潮落时浮下水深三丈三尺（11米）。若由东边水道，当在浮之东边过去。

厦门关第十浮，泉州府同安区厦门港斯底芬礁之东，斯底芬本系船名，因触此礁，故以船名礁，设有黑色警船浮一个，上置黑色球式篮帽。切水面外径五尺一寸（1.7米），浮下水深四丈二尺（14米）。船只又应行浮之东边，以防触礁之患。

厦门关灯桩：厦门关第二十桩，泉州府同安区厦门口内鼓浪屿北角之东北，于官柴礁之顶上，设有黑色四方上尖形警船石桩一座。距该礁之顶高一丈九尺（6.33米），潮落时礁处水面。

厦门关第二十一桩，泉州府同安区厦门口内江心礁上，设有黑色四方上尖形警船石桩一座。距该礁之顶高一丈三尺（4.33米）。

厦门关第二十二桩，泉州府同安区厦门口内章鱼礁上，设有黑色四方尖形警船石桩一座。距该礁之顶高一丈四尺（4.67米），上有白色球式篮帽。自该桩向东北，相距十丈（33.33米）余，在朔望潮落时水深一丈二尺（4米）之处，查有暗礁一块，又自该桩向东南相距二十五丈（83.33米）之处，查有暗礁多块相连为一段。其中间之礁石为最高者，每朔望潮落时礁上水深四尺三寸（1.43米）。

以上两桩指明由鼓浪屿入本口内港两段礁之东角，潮落时两礁均出水面。

厦门关第二十三桩至第三十六桩，泉州府同安区厦门口内港乌笠、燕尾、外线、和尚礁、情仔礁、内朴鼎、外朴鼎等，即鼓浪屿北角四座礁，内港西边六礁，内港东边四礁共有十四礁。上各设木杆警船桩一座，共十四座。上各有条编圆球，其为乌笠、燕尾、外线三礁之桩，为指明鼓浪屿北段礁之北角，俱系黑色。其和尚礁及情仔礁等六礁之桩，为指明内港西边之礁，亦系黑色，其内朴鼎、外朴鼎等四桩，为指明内港东边之礁，俱系红色，其各桩上条编圆球，据系白色。

海江警船示第三百九十一号示，光绪二十九年（1903年）十二月初三日。泉州府同安区厦门内港南路外户碇向西附近的方向，设之红白方格警船浮一个，现将该浮自原处移向西约有十三丈（43.33米）之远。

海江警船示第四百号示，光绪三十年（1904年）六月初十日。现经英国篮伯类水师船统带官孟称，近厦门口之处查出暗沙一段，自该沙视东碇岛南八度东，相距十八里（9千米）有奇，视金海之东南尖角为北八十七度西，相距十四里（7千米）。朔望潮落时沙上水深至少有一丈九尺（6.33米）。又查出暗沙一处，自该沙视金门塔为北十七度东，相距十八里（9千米）有奇，视大担岛灯房为北四十七度西。朔望潮落时沙上水深至少尚有二丈五尺（8.33米）。以上所开度数均按罗经方向。

（四）《海关海务科航船布告汇编》

航海布告是航海资料和海图的主要改正文件，从1883年开始，近代海关开始印行和发布《海关海务科航船布告汇编》（*Notices to Mariners*），从1883年至1938年，一年一期。1883年1月1日刊发第1期，其内容涵盖自1862–1882年即21年间中国海关当局刊发的有关通告。

据英文前言介绍，1862–1871 年，为 A 系列，仅英文版本。1872–1882
年为 B 系列，中英合璧版本。1882 年的《海江警船示记》序言载："窃
维通商各关未经开创以前，中国各处海江水道颇多危险之处，人皆视为
畏途，如礁石、暗沙、沉船、浅阻等患，无地无之，不胜枚举。溯自历
年以来，先后确立各处关口，中外商船互相往来，贸易日盛一日。故于
海江各道，务宜悉心稽查，刻意搜求，以资保护。前奉总税务司转饬，
设立税务营造处，并委派总营造司一员，会同各关税务司办理一切。凡
遇危险之处，派员详加探测，随时标记。于是创建灯塔、灯船、灯杆、
警船、浮桩等项，随处相度视势，妥为安置。俾行船趋避，以为准则，
庶可化险为夷，诚为幸事。复将所创灯浮桩各项并移修增撤等事，以及
各样款式情形度势，悉由总营造司随时颁示。传谕各口，以便周知。自
西历 1872 年以前，传发示谕皆以英文字样。嗣于是年，即同治十年
（1871 年）十一月二十三日以后复奉总税务司饬，将行船示谕转由造册
处翻译，印发汉英两文，以期中外各船便于详细而免舛讹。从此轮楫往
返既安且吉，因此笔记之。兹将历年所译各辖示排印成卷，兼以所设之
灯浮桩各项名目，一切情形，详列于后。"

据《旧中国海关总税务司署通令选编》载：海关总税务司署通令
第 38 号 1878 年 1 月 15 日与北京。各关税务司。事由：为南北两端沿
海灯塔分由厦门上海两关管理由。兹附去有关沿海灯塔管理办法实施节
略，仰即知照遵行。其主要之点为，上海作为北段之中心口岸，仅须
负责该段所设灯塔之物料供应，其他各关税务司继续管理各该关区灯
塔之其他方面，而厦门作为南段之中心口岸，则不仅负责物料供应，
且须负责南段所有灯塔之全面管理。所谓南段系指温州以南之海岸。北
段系指温州以北之海岸。本通知之安排于 4 月 1 日起生效。此令。总税
务司，赫德。船钞部灯塔（3°）管理办法实施节略。1878 年 1 月 15 日

于北京。

（1）温州以北，即北段，灯塔灯船所需物料由江海关供应，温州以南，即南段，由厦门关供应。

（2）北段中，各关税务司负责支付其关区内灯塔值事人等之薪饷，并将支付之薪饷及因灯塔等费用按常规于账户 C 列支。但对所需一切油料物料，则申请江海关税务司供应，而凡此等等之开支只能见诸江海关账户。

（3）南段中，不仅所需一切供应由厦门关负责，每一灯塔之薪饷及其他费用，亦由厦门关支付并入账，即南段各灯塔与驻守各该处之值事人（除第 7 节规定外）不再归有关关区税务司管辖，而由厦门关统管。

（4）有关两段灯塔处之人员组成，将另有专项指令通知江海关与厦门关。本节略仅须说明，每段将设灯塔营造司一人，匠董一人及保持与各灯塔经常联络之大巡船一艘，各灯塔由一 欧洲人为主值事，副值事则尽可录用马尼拉人及澳门人。

（5）北段各关区税务司着即查核其灯塔账户，并于三月底前造表一式三份送交江海关税务司，列明：至 1878 年年底前所需各项物品及 1879 年所需各项物品。同此，今后每年（1879 年、1880 年 ……）三月，均应将次年（1880，1881，……）所需物品列表报送。

（6）南段各关区税务司着即查核其灯塔账户，并于三月底前将其至 1878 年年底前本关区内灯塔所需各项物品列表报送厦门关税务司。

（7）南段中各灯塔及值事人均应由厦门关管理与统辖。然各关区税务司对现有港内灯塔以及港口或进口水道、浮标、灯桩继续负责并提供物料。厦门关税务司如需就有关灯塔事致函中国当局时，须将其函件敞口经由有关税务司递交，后者尤应尽力协助厦门关税务司实现其目的。同样，灯塔如发生任何不靖或纠葛的事情，须提请中国当局注意或须由其介入时，该关区税务司应予过问，同时将其措施及意图告知厦门关税务司。厦门关税务司之主要职责为保持灯塔正常运作，掌管值事人之任用、调动、解职、薪饷、灯塔之供应与维修，并与灯塔、灯船经常联络，除以上列举各项外，其他事项如有需要，有关关区税务司亦应介入。

厦门关：泉州府同安县厦门口厦门港外，前所沉溺西音谓之鲁南华船，现经用火药轰毁无余，其于第一百九号示，该处所设华式灯船一只，业已撤去不用。

光绪六年（1880 年）二月初二日，第一百一十三号示。泉州府马港厅厦门口外北碇地方所有灯塔一座，已自九月三十日以后每遇大雾时，该守灯人等，若闻船只有用防险号者，如鸣钟、吹戒险螺、放汽等，即放炮二次，每次间隔半分，该船若续用防险号者，即俟十五分时再行放炮，以示灯塔所在。

光绪八年（1882 年）十月十八日，第一百五十七号示。泉州府同安县厦门内港南路内户碇地方，现设警船浮两个，其一在该礁之东边，系黑白方格式样，上有黑色篮帽。一在该礁之西边，系红白方格式样，上有红色篮帽。该处往来船只万勿驶入两浮之间，以防触礁之患。

光绪八年（1882 年）三月十五日，第一百四十七号示。泉州府同安县厦门口厦门港外，在西音所谓鲁南船碰沉之处，现经设有华船一只，桅顶挂有白光长明灯，晴时应照约九里（4.5 千米）。该沉船处每朔望潮落时，水深七拓，自灯船视青屿灯塔为南四十一度东，视大担灯塔为南八十五度东。

光绪五年（1879 年）十一月二十五日，第一百零九号示。漳州府海澄县厦门口外青屿北坡上，现设有红白二色竖条八角形砖石灯塔一座，高一丈七尺（5.67米），自基至灯顶共高二丈八尺（9.33米），上置四等透镜，红白二光长明灯，灯火距水面十一丈（36.67米）。晴时白光应照四十五里（22.5千米），红光应照二十四里（12千米）。自北一度东起，经正北至北五十七度西止，俱见红光。自北五十七度西起，经正西正南至南五十度东止，俱见白光。自南五十度东起，至南八十九度东止，又见红光。塔在纬度北二十四度二十二分十五秒，经度中国中线东一度三十八分十二秒，英国中线东一百十八度七分。守灯房垣俱白色。此灯于十一月十六日晚初开照。其总册内所载第十号之等，即大担岛灯，仍旧点照不撤。

光绪元年（1875年）十一月十七日，第五十二号示。漳州府海澄县厦门港外青屿北坡上，现拟新建灯塔一座，业已兴工。拟作石砖八角式，红白二色竖线色样者，高一丈七尺（5.67米），自基至顶共高二丈八尺（9.33米），上置四等透镜红白二光长明灯，灯火距水面十丈（33.33米）余，白光晴时应照四十五里（22.5千米），自北五十四度西起，经正西正南至南五十度东止，俱见白光，其九节礁及八丈（26.67米）浅水沙等处，方向俱见红光。塔在纬度北二十四度二十二分十五秒，经度中国中线东一度三十八分二十七秒，英国中线东一百十八度七分十五秒。守灯系白色所开，方向均按罗经，自海岸望见灯塔计算。

光绪元年（1875年）三月初五日，第四十二号示。江海、闽海、厦门等关。漳州府海澄县厦门口外青屿又澎湖岛西屿等处，建灯塔已将竣工，不日此两灯即可开点。以上各灯前已分列第三十四、四十二、四十三、四十八等号示内，并载入英国水师部内，本年刊印中国海江灯塔册内地一百六十四号。

光绪元年（1875年）九月十五日，第五十号示。现有巡船之总理大英国游历大清国等洋面各巡船，二等水师提督军门魏，于月之十六日在长江途次通谕管带大英国游历中国等洋面各巡船水师总兵恭将游击等官，公函持将该函抄录转送前来合行照录详示于后。据管带本国巡船名否四亨官员申称。泉州府同安县厦门口内江心、章鱼等礁之南石桩附近地方，查有尖石礁三块，为一段于其外边之礁上，每朔望潮落时水深七尺（2.33 米），自南边石桩向东南少东相距十八丈（60 米），自外边之礁视官柴礁之石桩，与该处北桩，逐对微偏东，并与猴屿之西坡，相视成直线，又与南石桩向东北相距十丈（33.33 米）余。在朔望潮落时水深一丈二尺（4 米）之处，仍有暗礁，按该礁查本国水师部所发海道图之地一千七百六十四、一千七百六十七灯号，并中国江海图说第三卷之地一百七十二、一百七十六等篇，均未详载，合并声明等因，特此通谕。水师通谕第二十七号。

光绪八年（1882 年）十月十八日，第一百五十六号示。泉州府马港厅厦门口外北碇地方，新设圆形白色砖砌，饰以刚石灯塔一座。泉州府同安县厦门内港南路外户碇向东附近地方，所设警船大浮向系红白二色竖线式样，现拟改饰黑白方格色样。泉州府同安县厦门内港南路外户碇向西附近地方，所设警船小浮向系红色，现拟改饰红白方格色样。泉州府同安县厦门内港内砂石上，所设警船浮向系红白二色横线式样，现拟改饰红黑方格色样。泉州府同安县厦门内港内土尾之北角，所设之警船浮向系红色，现拟改饰红黑二色竖条色样。泉州府同安县厦门口内附近鼓浪屿北安棺柴、江心、章鱼等礁，所设警船桩三座向均系白色，现拟一律改饰黑色。光绪八年（1882 年）六月二十一日，第一百五十一号示。

（五）《厦门内港图》

《厦门内港图》是 1892 年 11 月 W. C. Howard 绘制的航行图，以鼓浪屿为中心，绘制了厦门港内附近地形、航道、岛屿，并标注海水深度。对鼓浪屿绘制较为详细，厦门岛仅绘制西侧海岸部分，老城内未绘制。比例尺约 7500。上面绘有港心礁灯桩（Kdng Sim Tah Beacon）、章鱼礁灯桩（Chiotah Beacon）、棺柴礁灯桩（Alibi Rock Beacon）、篷礁附近灯浮、和尚坞附近灯浮。厦门港的火仔垵，因海边有一处船坞，又称之为"和尚澳"或"和尚坞"。

人们把航线归纳为海道，把在海道上航行所需的指南针针位、里程等数据归纳、记录成书，就写成了海道针经。部分海道针经中有航标史料，如 1880 年《西行日记》[①]，作者随北洋水师提督丁汝昌的接舰部队前往英国接受两艘巡洋舰"超勇""扬威"回国："亥初见厦门灯塔，子刻入厦门港抛锚。"《海道图说（附长江图说一卷）》载："自此石视镇海角为南又西一分之向视南大武山塔为西西北之向……城南有二层小塔……河口东低岸间有一塔又距北面二里山间亦有一塔。塔澳（西音卜哥得卑）。距快传角东面五里（2.5 千米）为塔澳澳东角有塔一座。"

黄序鹓《海关通志》载："灯塔楼表，散见于沿江沿海各处。其创设之旨。原欲使江海行轮。无论晦明风雨。皆得达于安全之域。不至罹于危险。其关系于中外之贸易极大。今世各国对于此等事务。有直属中央政府。归交通运输部管辖者。亦有属之于地方行政范围。及地方自治团体者。至附属于海关。则为我国之创例。自前清同治初年。经总理衙

---

① 赵振武. 西行日记 [M]. 北京：华文出版社，2015：1.

门订明于船钞项下。酌提六成。存储各关。作为分设浮椿号船表塔望楼等经费。后又加至七成。九年。总税务司赫德始亲赴沿海各处。勘定灯塔位置。以后迭有建设现时海务股中有灯事班之设。司关于灯台之事。所属有值事人灯船弁水手等名称。凡各灯台之维持。及其职员之监督。直属于该附近之税务司管辖。惟福州汕头各管辖区之灯台。归附近之厦门税务司管理。又上海及宁波管辖区之多数灯台。别归理船班巡工司之直辖。此一例外也。据上年所调查。统计全国既设之灯台。有一百十六处。其中有大者十四处。回转灯台三十六处。又有灯台船五只。灯台艇二十四只。此外浮标一百三十七个。航路标识百十个"。

四、管理

(一) 管理体构

以大担岛灯塔为例,大担岛灯塔最初设置是应当时海上航行商人的请求而设,灯和油的费用也有商人捐助。厦门海关接管此灯塔后,设置了新式的灯,并每个月给看管灯塔的寺僧银九元,作为报酬。

1863 年赫德担任清朝第二任海关总税务司[①],1864 年 8 月制定并经总理 衙门批准的《通商各口募用外国人帮办税务章程》27 条,正式规定各地海关税务司和港务长等的调职和撤职均由总税务司作主,港务长在港内行事要听命于本口岸海关税芬司,经费收支归总税务司收支报销。港务长的任免权国于总税务司,港务长的管理权属于各口税务司,港务长事实上成为税务司的下属。

1881 年总税务司署裁撤南北段巡工司,专设 1 名各口巡工司,山

---

① 徐晨,郑俊田编著. 海关管理研究 [M]. 北京:对外经济贸易大学出版社,2012:52.

上海理船厅兼任继续负责职员调配、行政事务及理船事宜①。之后，总税务司署所属的船钞部门逐宓形成灯塔处、营造司（处）和理船厅三个机构，另附带有杂役，灯塔处负责管理灯塔的维护、灯塔人员的给养、灯塔和海关驻地间的交通运输等；营造司（处）专管灯塔、浮标和附属建筑物的设计、工程建筑等事宜，并负责提供技术、仪器设备等；理船厅负责统辖各口岸理船厅，管理泊船界内的航船行政（港口管理），包括航船的停泊地段、泊船界内航船的秩序、灯塔及浮标的界限、制订行船章程等。

1899 年时，按照海关职责划分，总税务司署所设机构可分为 4 个部门：属于征税部门内班编制的主要有总办、机要（秘书）、汉文、市计、统计（造册处）、驻外（驻伦敦办事处）等职位或部门②。各有 1 名税务司分管；属于船钞部门的灯塔处、营造司（处）和理船厅，由海务巡工司（税务司级别）主管；属于教习部门的同文馆，由总税务司兼管（3 年后同文馆并入京师大学堂，脱离总税务司署）；属于邮政部门的邮政总办，负责管理邮政事务，由 1 名税务司专管。

当时通航各口岸的海关内设船钞股，专门负责"建设与管理沿海内河灯塔、灯船、浮标、雾号及其他各项航行标识，除航路沉没船只，疏浚港口水道，管理碇泊事宜等等"。1840 年鸦片战争之后，清朝海关设置了专门的航标管理部门，广泛引入国外的管理方法和设备，开始对沿海及港口水域的航标进行管理和维护。1854 年清政府在各通商口岸派驻海关监督，设助理称税务司，由外国人担任，掌握海关实权。自

---

① 《中国海关通志》编纂委员会编. 中国海关通志 第 1 分册 ［M］. 北京：方志出版社，2012：329.

② 《中国海关通志》编纂委员会编. 中国海关通志 第 1 分册 ［M］. 北京：方志出版社，2012：319.

1858年起，我国的航标维护和管理费用开始来自海关征收的船舶吨税。1858年，中英《天津条约》明确规定："通航各口岸分设浮桩、号船、塔表、望楼，由领事官与地方官会同酌视建造"。海关总税务司赫德打算扩大海关职能，恰好1858年《天津条约》附约《通商章程善后条约》第十款规定："任凭总理大臣邀请英（美、法）人帮办税务并严查漏税，判定口界，派人指泊船只及分设浮桩、号船、塔表、望楼等事。"这为外籍洋员插手中国的海务工作提供了机会。赫德看准了当时中国鲜有擅长海务人才，便提出由外国海关人员负责监管海务工作。1868年4月，清政府同意了赫德的建议，随后成立总税务司管辖下的海务的部门——船钞部，后来改名为海务科（部），海关拨出征收的七成船钞给其作经费。海务部分为营造、理船和灯塔等机构。营造处负责设计和建筑灯塔、浮标及附属建筑物，提供先进技术和仪器设备；灯塔处主要管理灯塔的发光，承担灯塔人员的给养，维持灯塔和海关间的运输交通等；理船处负责泊船界内的航船行政，包括指定航船的停泊地段，维持泊船界内航船的秩序，规定灯塔、浮标的限界，制定指示行船章程、海船免碰章程、商船雇船旗帜的检查、检疫工作等。

海关附设的海务部代管近代中国的航政，海务部人员将西方的有关经验运用到中国来，最主要的措施是创设近代航标，建立船舶行驶和停泊的安全制度。在海务部海关洋员参与中国海务建设之前，清政府虽然在沿海及内河设置了航行标志，然而寥若晨星，异常简陋，没有灯塔建筑。由于古代中国极少海上航运的需要，历朝很少重视海务建设。而清朝早期几乎没有近代意义的海务或港务设施。外国船只驶入中国十分不便，各国海军遂自行测量中国沿海的深浅情况，并将沿海各段及内河水道绘制图表，编成海道图说，在中国沿海险峻之处设置浮标，以便航行。外国擅自测量中国海道、绘制海图的行为，极大地损害了中国的权益。海关海务科虽然以洋员为主导，但它毕竟是中国政府的机构，由其进行海务建设，在一定程度上维护了中国的航行权益。

1861 年以后，各口新关陆续建立，海务工作才在各关税务司领导下开展起来。在 1862 年以后的几年中，长江进口、上海、广州、厦门、宁波、烟台、山海关等港口险要地点，都设置了标桩、小灯塔、灯船之类的助航设备。1865 年，厦门新关设立灯塔司①，在大担岛建立了灯塔。1865 年后，在厦门海上航道上有 4 座灯塔，即北碇、东碇、大担、青屿灯塔②。当时的海务设施，各口海关各自为政，没有集中的领导，统一的规划。1868 年全国沿海设置南、中、北三个区段其航标管理的职责是负责段内所辖沿海及各港口航标的设置和巡视、检查港内浮标、标桩、灯标等，由此我国当时就形成了自上而下总税务司、海务税务司、段巡工司和理船厅的航标管理体制。船钞部成立后，海务工作以助航设备特别是灯塔的建设为重点。海关对于通商口岸助航设备的兴建，是刻不容缓的事。1868 年海关正式成立船钞股，后名海务科，由海务巡工司统一主管我国沿海和长江以及对外开放的港口航道的航标，并征收吨税作为经费来源。船钞部设于上海，把沿海航标划分为北、中、南三段，即烟台、上海、福州，各段巡工司业务上接受海务巡工司领导，行政上接受辖区口岸海关税务司指示，负责段内辖区沿海及各港航标设置和管理。南段包括福建、广东之海岸，自北纬 27°至 20°，包括福州、厦门、淡水、基隆、台南、打狗、汕头、广州及琼州③。

1878 年将航标管理由三段合并为两段，南段指温州以南之海岸，

---

① 厦门港史志编纂委员会. 厦门港史［M］. 北京：人民交通出版社，1993：122.

② 洪卜仁，中国人民政治协商会议，福建省厦门市委员会. 厦门航运百年［M］. 厦门：厦门大学出版社，2010：27.

③ 苏智良主编. 海洋文明研究 第 1 辑［M］. 上海：中西书局，2016：189.

北段指温州以北之海岸，巡工司分别驻上海和厦门。1880 年前，中国沿海灯塔以浙江温州沿海为界划为南、北二段，北由驻上海的北段巡段工司管辖，南由驻福州的南段巡段工司管辖。1880 年，总税务司署将南段灯塔事务划归厦门关税司代管。厦门关管理灯塔范围由本口扩大到北自浙江温州、南达香港一带的广阔海域。厦门关配有巡轮一艘，专供南段灯塔巡视灯塔之用。1880 年 4 月 1 日，厦门作为中国沿海南段灯塔巡视的中心，先后代管温州以南至广东庶浪角的所有灯塔和航标事务，共有灯塔 16 处。1881 年又撤销南、北两段，改由海务巡工司与总营造师分管船钞部的行政与技术事宜，船钞部成立后，由上海港向南北辐射，在沿海大量建设航标，先在长江口建灯塔，在舟山群岛、黄海、渤海和南海等建灯塔，还在长江口铜沙、长江狼山水道、辽宁牛庄（营口）和天津大沽等处设置灯船。截至 1881 年，灯塔分属 13 个关区，包括广州、汕头、厦门、福州、宁波、上海、镇江、九江、汉口、芝罘、天津、牛庄等。1890 年，总税务司改派南视员一人驻厦，专理南段灯塔事务。1890 年，总税务司派南段巡视员一人驻厦门，专门管理南段灯塔事务。

　　1884 年，为了南段海务的顺利进行，船钞部派副巡工司和副工程师各一人 驻厦门海关，统筹南段的海关工作。他们之间分工明确，副巡工司主管灯塔的 发光、灯塔人员的给养、维持灯塔和海关间的运输交通等；副工程师专管灯塔 浮标和附属建筑的设计建筑等。1887 年，厦门海关的副巡工司调往总税务司署处，南段的灯塔事务归厦门关税务司管理，而以副工程师协助。南段的灯塔和浮标众多，并且处于中国的东南沿海，是外来船只前往北方的必经之路，重要性显而可见。于是1890 年船钞部新派一名灯塔巡视员驻扎厦门，听从厦门关税务司的指示办理南段灯塔的事务。厦门关还配有专门的巡轮一艘，专门用于税务司或灯塔巡视员巡视灯塔之用。

　　1894 年，8 月 4 日，由于中日甲午战争，厦门关辖内的灯塔中断工作，并于 1895 年 3 月落入日本人手中。"五口通商"后，福建沿海开始设立助航标志。这时，沿海航标由海关管理和维护，厦门海关负责管理厦门港、九龙江口及附近海域的航标；闽海关负责管理闽江口及兴化湾及海坛海峡的航标；福海关负责管理闽东沿海港湾的航标。1911 年底，厦门关所辖的南段地区先后共建成灯塔 19 座，管理人员达 80 余人，其中洋员 20 余人①。

　　《旧中国海关总税务司署通令选编》载②："第 38 号（第二辑），1878 年 1 月 15 日于北京，令各关税务司。事由：为南北两段沿海灯塔分由厦门上海两关管理由。兹附去有关沿海灯塔管理办法实施节略，仰即知照遵行。其主要之点为，上海作为北段之中心口岸，仅须负责该段所设灯塔之物料供应，其他各关税务司继续管理各该关区灯塔之其他方面，而厦门作为南段之中心口岸，则不仅负责物料供应，且须负责南段所有灯塔之全面管理。所谓南段系指温州以南之海岸。北段系指温州以北之海岸。本通知之安排于 4 月 1 日起生效。此令。总税务司赫德。"

　　1868 年 4 月 25 日海关总税务司署通令第 10 号，为船钞部组成事宜通令各关税务司，海务税务司其协办人员包括 1 名理船营造司、1 名文案、2 名灯塔营造司以及 3 名段巡工司。其中北段巡工司驻芝罘（烟台），监督下列港口理船厅、芝罘（二级）、天津（二级）、牛庄（二级）。中段巡工司驻上海，监督下列港口理船厅：上海（一级）、宁波（二级）、镇江（三级）、九江（二级）、汉口（一级）。南段巡工司驻

---

① 洪卜仁，中国人民政治协商会议，福建省厦门市委员会. 厦门航运百年［M］. 厦门：厦门大学出版社，2010：27.
② 苏智良主编. 海洋文明研究 第 1 辑［M］. 上海：中西书局，2016：190.

福州，监督下列港口理船厅：福州（一级）、厦门（一级）、淡水（三级）、台南（三级）、潮州（一级）、广州（二级）。各理船厅在其辖区监督下列人员：港口引水员、持照引水员、灯塔看守、巡港吏。海务税务司与海关税务司同级，巡工司及咨议营造司与海关副税务司同级，而一、二、三级理船厅分别与一、二、三等通事同级。分派一名熟谙中文之海关通事任海务税务司文案。巡工司与理船厅保管各自账目并亲自登录，必要时准有一名海关通事协助。

《新关题名录》载 1904 年厦门海关船钞部下灯塔科外籍值事人员如表 3-4 所示。

表 3-4 1904 年厦门海关船钞部下灯塔科外籍值事人员

姓名	职位	国籍	姓名	职位	国籍
邓阿乐	巡灯司	英国	吴禄福	二等值事人	德国
淖布	头等值事人	英国	伯伦	二等值事人	德国
穆得禄	头等值事人	英国	斯温逊	二等值事人	瑞典
美行士	头等值事人	英国	镌礼逊	二等值事人	德国
苏鲁柏	头等值事人	瑞典	阿乐盛	二等值事人	挪威
席乐	头等值事人	英国	莫霖	二等值事人	德国
查柏门	头等值事人	美国	司密德	三等值事人	德国
阿理萨格	头等值事人	日本	石德定	三等值事人	德国
泊纳	头等值事人	德国	莫利资	三等值事人	德国
孟盛	头等值事人	德国	萨武士	三等值事人	瑞士
			察克森	三等值事人	美国

厦门船钞部 1894 年至 1911 年部分年份的人数如表 3-5 所示。

表 3-5　厦门船钞部 1894 年至 1911 年部分年份的人数

年份	洋员人数	华员人数	总人数
1894	27	84	111
1902	19	68	87
1911	26	97	123

（二）海关大巡船

自沿海兴建灯塔以来，管理制度多次嬗变，最后形成了上海和宁波两口灯塔由海务巡工司管理，汕头、厦门、福州和温州四口灯塔由厦门关税务司代管，其它各口（11 个）灯塔由所在口岸税务司管理的制度。为保障灯塔供应，各关自 1868 年就开始配备无武装的小型海务船艇作为灯塔运输船（包括舢板、帆艇），往来大陆和灯塔运输必需品。比总税务司强调大巡船作为灯塔运输船的公共性和中立性。1884 年，"飞虎"号大巡船被法国海军扣押后，赫德曾令代管南段灯塔区的厦门关税务司以海关的名义同驻守基隆的法国海军交涉，索还未果。

《新关题名录》载 1883-1890 年海关大巡船及其当年年初所在口岸如表 3-6 所示。

表 3-6　1883-1890 年海关大巡船及其当年年初所在口岸

船	飞虎	凌风
1883	芝罘	厦门
1884	厦门	芝罘
1885	芝罘	厦门
1886	厦门	广州
1887	九龙	拱北

船	飞虎	凌风
1888	九龙	拱北
1889	九龙	厦门
1890	九龙	厦门

光绪三十一年（1905年），海关的巡轮给东碇岛灯塔运输煤油时，碰到岛边的暗礁沉没。为了防止此事再发生，海关在此岛上岸处建了一座钢骨水泥码头，以方便人员上下。

（三）人员

1868年4月25日，海关总税务司署以总税务司第10号通扎（即通令）通知各关，宣布成立船钞股，其任务为"建设与管理沿海内河灯塔、灯船、浮标、雾号及其他各项航行标识. 撤除航路沉没船只，疏浚港口水道，管理碇泊 事务，以及沿用专门人才，分任各职"①。宜属海关总税务司领导。船钞股由一名海务税务司负责，下设灯塔工程师二名、港口工程师一名。将全国沿海划分南、中、北三段管理. 每段设一名段巡工司，南、中、北三段巡工司的驻地分别为福州、上海、烟台. 段巡工司业务上接受海芬税务司领导，行政上接受辖区口岸海关税务司指示. 负责段内所辖沿海及各港航标的设置、巡视、检 查港内浮标、标桩、灯标及引水等，并检公理船厅的工作。理船厅则直接负 责和管理其辖区内的航标，并履行海关监察长有关税，务方面的职责。

1899年，属于教习部门的同文馆，由总税务司兼管，3年后同文馆

---

① 复旦大学历史地理研究中心，韩国仁荷大学韩国学研究所编. 海洋·港口城市·腹地 [M]. 2014：84.

并入京师大学堂，脱离总税务司署。

近代，在船钞部下设专门的灯塔管理部门，由此也形成了一支专业的灯塔管理队伍。面对这么多的人员，必须要有规章制度来进行管理。1884年，海关还印发了《新关灯塔灯船诫程》，共十卷，对灯塔人员做了全面细致的规定。其中，"灯塔管理条款"五卷，"灯塔主事人诫程"96条，"灯塔帮事人员诫程"8条。"灯塔理灯各项诫程专款"15条，还有一些关于灯塔主事人、帮事人的注释及灯塔各种记录表等25种。

北段沿海灯塔即为北段仅负责该段所设灯塔的物料供应，温州以南即为南段由厦门关供应①。南段中不仅所需一切供应由厦门关负责每一灯塔之薪铜及其费用亦由厦门关支付并入账即南段各灯塔与驻守各该处之值事人不再归有关关区税务司管辖而由厦门关统管。南段中各灯塔及值事人均应由厦门关管理与统辖。各关区税务司对现有港内灯塔以及港口或进口水道、浮标、灯桩继续负责并提供物料。以厦门关为例厦门关税务司如需就有关灯塔事致函中国当局时须将本函件敞口经由有关税务司递交后者尤应尽力协助厦门关税务司实现其目的。同样灯塔如发生任何或纠葛事件须提请中国当局注意或由其介入时该关区税务司应予过问同时将其措施及意图告知厦门关税务司。厦门关税务司之主要职责为保持灯塔正常运作掌管值事人之任用、调动、解职、薪铜、灯塔之供应与维修并与灯塔、灯船经常联络除以上列举各项外其他事项如有需要有关关区税务司亦应介入。沿海大部分的灯塔是由总税务司主持建造的所有的费用则从七成船钞中支应。七成有船钞支付还包括参与沿海灯标及港口工程等有关雇佣人员薪俸与工资②，如表3-7所示。

---

① 洪卜仁主编.厦门航运百年 ［M］.厦门：厦门大学出版社，2010：27.
② 李芳.晚清灯塔建设与管理 ［D］.武汉：华中师范大学，2011：26.

表 3-7　参与沿海灯标及港口工程等有关雇佣人员薪俸与工资

职位	类型	金额
东碇岛头等灯塔值事人	月薪	75 关平银（两）
副灯塔值事人	月薪	40 关平银（两）
华班水手	月薪	30 关平银（两）
赤屿灯塔头等灯塔值事人	月薪	50 关平银（两）
赤屿灯塔副灯塔值事人	月薪	30 关平银（两）
赤屿灯塔华班水手	月薪	20 关平银（两）
灯塔供应船华班水手	月薪	30 关平银（两）

　　同治五年（1866 年）闽浙总督左宗棠在福州马尾创办了福建船政。船政学堂第 3 届留学生，其中赴英留学的陈恩焘、贾凝禧、周献琛 3 名留学生学习测绘海图和铁甲兵船驾驶，陈恩焘入法国海图衙门（海图局）学习。陈寿彭，马尾船政学堂毕业生，翻译了英国海军海图官局原本《新译中国江海险要图志》卷一至卷六，共 2 册。船政学堂留学生留学专业如表 3-8 所示，其中有海测。

表 3-8　船政学堂留学生留学专业

专业	造船	冶炼	轮机	矿物	锻造	鱼雷艇	驾驶	海测	法律	陆军
人数	14	4	19	3	2	3	21	2	11	3
专业	数理化	营造	枪炮	弹药	鱼水雷	路桥	无线电	飞机、潜艇	天文	合计
人数	5	2	5	1	4	8	2	2	1	112

（四）科技史

　　早期厦门港口灯塔主要有 4 座，即北碇岛灯塔、东碇岛灯塔、大担岛灯塔和青屿灯塔。厦门港口灯塔除 1904 年 7 月 1 日新建同岩灯塔外，原有灯塔都进行了技术改造，更能适应船舶的航行。灯塔的增设，促进了海上船舶航行的安全。厦门港的灯塔从无到有，从燃植物油发展到燃矿物油，技术设备得到改进和提高，为船舶安全进出港和航行提供了重要条件。以大担岛灯塔为例，1867 年，大担岛灯塔进行技术改造，改燃植物油为矿物油，后来又采用了加压形式，使灯塔增强了照明亮度及范围。1888 年又置换上等折射式遮稳信号灯。

以北碇岛灯塔和东碇岛灯塔为例，1882 年 10 月，置头等透镜二红二白弧光明灭相间灯，6 芯灯头，燃煤油，白光烛力 1.05 万支光，红光烛力 3000 支光。1912 年，置换煤油蒸气灯头，配以 85 厘米白炽纱罩，白光烛力增至 3.5 万支光，红光烛力增至 1 万支光。1921 年，改置二等旋转镜机，烛力 40 万支光，红色弧光撤销。1926 年，复装自燃式折炽纱罩灯头，烛力增至 69 万支光。东碇岛灯塔位于东碇岛之巅，东碇岛在福建同安县境内的海域上，面积很 小，距离大陆约为八里（4 千米）。即北纬二十四度九分四十九秒又十分之一，东经一百 八十度十三分三十秒①。塔身是用砖建造，呈圆形，涂成黑色，周围建有花岗石栏杆。塔高约 21 米，灯离海面约 76 米，天气晴时 22 里（11 千米）内都可以看见其灯光。同治十年十月三日（1871 年 11 月 15 日）灯塔开始点灯运行，最初设头等透镜 定光灯，燃用植物油，烛力为一千九百七十五枝，并于每半分钟发出强烈闪光一次，这个烛力可以达到二万八千八百枝。光绪二十五年（1899 年）东碇岛灯塔改用压油六芯灯头，燃烧煤油，使灯光烛力比原来增加了百分之八十，达 到三千五百五十五枝。1913 年再次改装煤油蒸汽灯头，并配上八十五毫米的白炽纱罩，这样使定光灯的烛力，增加为七千五百枝，闪光的亮度增加为十一万一

---

① 福建省地方交通史志编纂委员会编著. 福建省交通志 [M]. 厦门: 鹭江出版社, 1998: 193.

千枝。但镜机还是1901年时换上的，到现在已经陈旧，所以在1924年对灯塔进行整修，1927年换掉原来旧的镜机，改用新式镜机，而且将定光灯撤销，改安装联闪灯，每二十秒联闪数次，使灯光烛力达到五十七万枝。

为了保障出入厦门港的船舶安全航行，1862年厦门建立海关新关之后，英国人即在海关灯塔司筹建简易水文气象观察，提供航行气象资料①。1868年，英国人的理船厅海务处灯塔司的外勤人员兼职开始简易的水文气象观测，并在厦门市区西南方制高点海拔129.4米的白鹿洞山上建立升旗台，为船只进出悬挂旗号。海关气象观测站分为两种，一种是海关测候所，即在海关口岸开展气象观测，另一种是灯塔/灯船观测站，一些重要港口、海岛上的灯塔、灯船不仅用于指导航运安全，同时也兼顾进行气象观测工作。厦门海关测候设在市区偏西方海后滩"厦门新关"内，北纬24°26'、东经118°04'，海拔高度4.9米，由理船厅海务处灯塔司的外勤人员兼职测候工作。

清海关总税务司赫德于1869年11月发出28号通札，要求各海关进行气象观测，称"海关广设沿海沿江，地域广达纬线20度、经线10度。机构现况容许进行气象观测而无须增加人员。除购置仪器外，不需其他开支。气象观测对于科学界和东方航海人员和其他人可具有实际价值"。1869年赫德提出在我国沿海、长江重要口岸海关及近海岛屿灯塔附近设气象观测所，由英国和法国人管理并供应仪器。1876年开始陆续建站，先后建立的海关测候所有68个，三分之二是1900年以前所建的，其中1876-1880年建立的有27个站：大沽、乌丘屿、牛山岛、烟台、淡水、牛庄、安平、成山头、佘山、芜湖、花鸟山、大戢山、宁

---

① 蒋福媛. 厦门交通志［M］. 北京：人民交通出版社，1989：242.

波、镇江、东犬、福州、厦门、青屿、东碇岛、汉口、汕头、鹿屿、东
澎岛、表角、渔岛、川沙、北海。先后在福建建立了 9 个海关测候所，
开始用仪器观测气温、雨量、风向、风速等各种气象要素，这是福建用
现代仪器进行气象观测之始。1877 年迁到鼓浪屿东侧海拔 54 米的升旗
山，扩大业务范围兼发台风信息。1879 年海关先后在福建沿海口岸、
岛屿设立 9 个海关测候所，其中岛屿测候所设在灯塔内（青屿、乌邱
屿、东犬、北碇、牛山、东碇、三都澳）。有 10 处是在内地（东北、
广西、广东、云南）。共有 44 处连续工作至抗日战争。有 26 处整年记
录长达 50 年以上，最长的 63 年。观测项目较全，所用仪器均购自外
国，记录文字均用英文，观测人员均为外籍（民国时有中国人参加）。
这个观测网是为外国特别是英国德海运服务。但由于无通信条件，只有
一小部分能将报告通过电报集中到上海。1897 年起建点的有天津、芝
罘、九江、汉口、宁波、厦门和大戢山岛；1901 年起增加镇江、宜昌、
重庆、温州、汕头。

　　1886 年，厦门海关测候所成立，正式进行气象观测。水尺标度的
刻画由 R. S. Kaipan 等在 1903 年 1 月至 4 月按同时记录的方法标定的，
观测方法采用目测。1897 年 8 月徐家汇观象台弗罗克台长致函总税务
司赫德，称观象台得到牛庄、天津、芝罘、吴淞、宁波、福州、厦门、
汕头、广州、北海等地海关灯塔站的气象信息，成功预报多起台风，使
驶离长江或西江的船只在途经吴淞或广州时及时获得台风警报。气象仪
器原安装在海关旧院仓库的空地上，1909 年海关大楼建成后，百叶箱
放在大楼底地走廊里，雨量筒设在楼顶平台上，风标挂在旗杆上。一般
从 6 时至 18 时，每三小时观测一次，也有增加 21 时、24 时、凌晨 3 时
三个时次观测，每月的观测簿和月报表送港务课长检查签字（1927 年）
闽海关理船厅改称港务课，寄一份给上海海关总署。厦门海关气象观测

站工作主要依据海关总署于 1905 年颁发的指导性文件《气象工作须知》，海关气象观测主要观测项目有气压、气温、雨量、风向、风力、云状、天气状况及海浪，并向上海徐家汇观象台发送气象电报。海关测候所观测的气象资料，主要供海关内部海上救护、保障船只航行安全之用，没有对外服务，也未开展天气预报业务。遇有重要天气，上海海关总署来电通知，通过海关自设电台，抄收香港及外国的台风警报，向海军司令部和外国驻香港各大公司报告，以便他们的商船、舰队采取避风措施。

从现存的海关气象资料目录及《海关气象月总簿/月报表》分析推断，海关气象观测站的观测记录时间大致如表 3-9 所示：

表 3-9　海关气象观测站的观测记录时间

海关气象观测站	英文	隶属	观测记录时间
牛山岛灯塔	Turnabout Light	厦门关	1879 年 8 月 –1941 年 11 月
厦门	Amoy	厦门关	1880 年 1 月 –1944 年 3 月
东犬岛灯塔	Middle Dog Light	厦门关	1880 年 1 月 –1943 年 6 月
乌丘屿灯塔	Ockseu Light	厦门关	1880 年 1 月 –1943 年 5 月
东碇岛灯塔	Chapel Island Light	厦门关	1880 年 1 月 –1943 年 7 月
青屿灯塔	Tsingseu Light	厦门关	1880 年 1 月 –1922 年 8 月
东涌岛灯塔	Tungyung Light	厦门关	1880 年 1 月 –1943 年 7 月
北碇岛灯塔	Dodd Island Light	厦门关	1882 年 10 月 –1943 年 7 月

第四章　民国厦门港航标

一、航路

1912 年与金门合署为思明县①。1933 年 2 月设厦门市。中华人民共和国成立后厦门市为福建省的直辖市，辖同安县。1938 年厦门沦陷，厦门港被日本军商控制。1947 年抗日战争胜利后，厦门港口航运贸易开始复苏。1945 年 11 月 11 日，马尼拉"安庆"轮于抗战胜利后首次抵厦门。

据民国《同安县志》载，厦门航路有石浔、窑头、刘五店、集美、五通、高崎、高浦、马銮、鼎美、澳头、柏头、白礁等多条。

二、航标

由于局势动荡，厦门关管理的灯塔范围时有增减，1929 年仅辖九处灯塔，其余灯塔由所在各口海关代管②。1931 年所有灯塔都装上配有较强光力、寿命较长的白炽灯罩的白炽灯。由全国海岸巡检处在东沙岛建立的灯塔，被归于设在厦门港的南部沿海灯塔管理范围。1932 年，

---

① 邓孙禄，叶志愿. 厦门港志［M］. 北京：人民交通出版社，1994：49.
② 洪卜仁，中国人民政治协商会议，福建省厦门市委员会. 厦门航运百年［M］. 厦门：厦门大学出版社，2010：28.

海关灯塔供应船平清号安置了一个先进的工场。同年，金门沙尾地鸣笛式浮标安置了一个新式活门柜。至1933年，厦门共有灯塔及灯号16个，浮标40个，浮杆48个；厦门沿海及港区航道上共设有灯塔与灯号16个，浮标49个，标杆18个[①]。1934年，七星礁和乌礁耳的鸣笛式浮标也安上了同样装置。1935年10月，日本侵袭东碇灯塔。1922—1931年，南部沿海地区虽然没有建立新的灯塔，但所有的灯塔都换上了光力强劲、寿命较长的白炽灯。灯塔楼、住房及其他设备都一次又一次检修和改建。在所有必要的地方都建造了水泥码头，以便灯塔的补给品能任何情况下卸下。这10年里，报警雾炮系统也大为稳定。1945年冬瓜山、七星山灯塔又划归关务署直接管辖，到1949年才复归厦门关管辖。当时厦门关管辖的灯塔有16座，灯塔管理人员共56人。1947年中国沿海航标分上海第一、青岛第二、厦门第三、广州第四个海区管理。1930年厦门港主要灯塔情况如表4-1所示[②]。

1935年8月23日，海军部海道测量局航船布告第145号[③]，"中华民国"东南海岸："厦门口岸内港设立灯桩，方位在狗头礁即东经约118度4分，北纬约24度27分，常明红18尺（6米），无人看守，种类常明红光灯1号，高度18英尺（5.4864米），5.49公尺（5.4864米），灯光射程2海里，结构形式漆黑白横纹石柱，该灯即装于柱顶。注意该灯无人看守，定名为狗头礁灯桩，此灯桩系就狗头礁标杆（见海军部沿海标杆浮桩表第1版）。"

---

① 《福建航道志》编纂委员会编. 福建航道志［M］. 北京：人民交通出版社，1997：258.
② 厦门港史志编纂委员会. 厦门港史［M］. 北京：人民交通出版社，1993：198.
③ 虞和平主编. 中国抗日战争史料丛刊441 经济 交通［M］. 郑州：大象出版社，2016：375.

表4-1 1930年厦门港灯塔统计表

名称	位置	纬度/N	经度/E	灯光情况	构造形状
大嶝灯塔	厦门口大担岛上	24°23'16"	118°10'03"	六等透镜电石闪光，每秒闪白光1次，烛力250枝，晴时10海里均可望见。1863年始点燃，1888年及1929年修改	铁质白色小屋
东碇灯塔	东碇岛之巅	24°9'49"	118°13'30"	头等透镜闪灯，每20秒先闪白光1次，继则联闪3次，烛力57万枝，晴时22海里可望见，1871年始点燃，1913年及1927年修改	塔圆色黑
北碇灯塔	北碇岛之巅	24°25'43"	118°30'11"	二等透镜闪灯，每15秒闪白光2次，烛力69万枝，晴时8海里均可望见。1882年始点燃，1913年1921年修改	塔台
青屿灯塔	厦门进口青屿北坡之上	24°21'58"	118°7'26"	四等透镜红白定光灯，白光烛力30000枝，红光烛力80枝，晴时白光15海里、红光8海里均可望见。1875年始点燃，1910年修改	塔为八角形，饰以红白相间直纹
乌邱屿灯塔	乌邱屿之巅	24°59'36"	119°27'7"	头等透镜联闪灯，每20秒闪白光4次，烛力60万枝，晴时24海里均可望见。1874年始点燃，1875年、1913年及1930年修改	塔圆色黑
牛山岛灯塔	牛山岛之巅	25°26'10"	119°56'6"	头等透镜联闪灯，每15秒闪白光1次，烛力75万枝，1873年始点燃，1899年、1910年及1924年修改	塔圆色黑

三、航标史料

海洋事务报告有 20 余种专刊或专书，侧重于沿海的灯塔、灯船、浮标的年刊，主要有海关总税务司署统计科的《中国沿海及内河航路标识总册》（*List of Chinese light houses，light-vessels，buoys and beacons on the coast and rivers of China*），出版于 1872-1947 年，详列沿海及内河之灯塔、灯船、浮椿及无线电椿，还附有中国沿海灯站全图，每年分别以中英文刊印一册①。此外还有 1875—1908 年的《灯船、浮标和灯塔报告》，1879—1904 年《通商各关沿海沿江建置灯塔灯船灯杆警船浮椿总册》，1883—1938 年《海关海务科航船布告汇编》，中英文合订本，海关造册处把海务科刊发的布告，逐年汇刊一册，该书还涉及沉船、泥沙等航行安全问题。有的报告还以吴淞江挖沙工程、各口救护遇险船只章程、中国出席国际航海公会报告、台风避风港、一些口岸近海河段潮汐表等为记载内容。本部分无疑是海洋研究的重要文献。

海务科年刊栏目最初多变，后经过十年的经验总结，1920 年后逐渐成熟和固定下来，主要为海道测量、海图建设和撤销的助航设备、汽灯浮标、灯台和灯船的新建设或计划、进行中或完成的年度工作、新授权工作、维护综论、中国水利事务、沉船和伤亡事故、沉船辑移除、雾号表、恶劣天气表、消耗表等。1909—1937 年即长达 29 年的《总税务司署船钞部、海政局、海务科年刊》，是反映"民国"时期中国海关海事部门工作业绩的最重要和最翔实的档案资料。

在灯塔、灯船、气象、水文等日常海务工作中，海关总税务司对各海关的助航设施工程、水文气象观测、记录编报等工作的要求比较严

---

① 苏智良主编. 海洋文明研究 第 1 辑 ［M］. 上海：中西书局，2016：187.

格，先后刊布了不少指导书，并逐渐形成了全国较为统一、科学的工作规程，它们均属于近代海关出版物的第四关务系列丛书。如《气象工作指南》（*Instructions concerning meteorological's work*），1905 年第 1 版，1938 年出第 4 版。

(一)《厦门海关十年报》

在海关十年报告中所附的海图，可以说是近代海关海道测量成果集中展示之大成者。目前公开出版的 170 册的《中国旧海关史料（1859-1948）》第 152-160 册，即 1881-1931 年共 5 期的十年报告。在它们所附 209 幅地图中，港区及水道图高达 90 幅，占所附地图总量的 43%。中国近代海关十年报告所附海图涉及地域范围广大，从北到南，从东到西，覆盖了中国沿海、沿江大多数口岸及重要河流湖泊。

《厦门海关十年报 1912-1921》：在过去 10 年中，通往港口的航道没有发生明显的变化。1921 年 8 月 11 日，在亚洲石油公司的设施处发现了一块小而尖的岩石。它远离航道，该公司正在采取措施将其拆除。漳厦铁路局现正兴建一个钢筋混凝土码头，在嵩屿铁路总站附近与海岸连接。码头全长 550 英尺（167.64 米），预计于 1922 年 6 月完工。1921 年 11 月 6 日，一座钢筋混凝土码头开始动工，以取代连接上海的太古股份有限公司和英国外滩的旧木结构。但是，由于已宣布抵制上述公司，工作暂时中止。一个方案是步行到外滩、法线、港口的上端在厦门一侧，从英国租界的北端到厦门码头。这项工作已经开始了。在本报告所述期间，本航段没有设立新的海岸灯。最初的煤油蒸汽燃烧器改为白炽石油蒸汽。1913 年在好望角、南澎岛灯塔（主灯和低灯）以及东碇岛灯塔和北碇岛灯塔站。1921 年北碇岛灯塔被赋予了一套全新的装备，上面提到的蒸汽模式，现在的特点是群闪电闪

烁，每 15 秒就有两次连续快速闪烁，能见度范围大约为向海 18 英里
（28.97 千米）。乌丘屿灯塔和东犬灯塔的灯芯燃烧器在 1913 年也发
生了类似的变化。1904 年首次建立的东引岛灯塔，采用白炽蒸汽燃
烧器，1920 年采用白炽石油蒸汽燃烧模式。照明方法的这些改变大
大增加了灯的功率，有利于航运，因此受到了高度赞赏。厦门南区灯
塔总部控制站的工作人员有欧洲人和中国人。中国加入战争，以及随
后德国和奥地利雇员被海关解雇，使灯塔部失去了许多高级灯塔管理
员的服务，但在有能力的中国雇员的协助下，在困难时期保持了灯塔
服务的效率不受影响。

在过去的十年中，尽管该地区反复出现很严重的台风、大风，但塔
楼、住宅和其他建筑物仍保持了有效的状态。南澎岛的多次严重地震引
起的对灯塔站的显著灾难，始于 1918 年 2 月 12 日，在 13 日中午的一
次地震中达到顶点，摧毁了住宅，但这座塔本身没有受损。幸运的是，
没有人受伤，因为这些工作人员在屋顶和墙壁倒塌前下班离开了。镜片
有很多碎了，但这并不会使光线变得低效。在这一周连续的强烈地震
（1918 年 2 月 12 日至 18 日）中，汕头的房屋遭到严重破坏，南澳岛上
的生命遭受巨大损失，南澎岛灯塔的当地工作人员一直保持灯光点亮。
这一事实反映了混合工作人员的巨大功劳，他们在摇曳的塔里值班，在
巨大的紧张压力下不断地更新破碎的煤气罩。此后经历的地震已逐渐减
少到几乎可以忽略的程度。住宅和外屋已经重建。新镜片在安装前正等
待小震停止。相应的雾炮系统被证明令人满意。航运业的发展需要增加
一些雾炮信号站的工作人员。

《厦门海关十年报 1922-1931》：本期华南沿海并未增设灯塔，旧有
者则均改用白炽灯罩，以增光力，所有牛山岛、东碇岛、赤沙澳（又
名石碑山）、白犬山（又名中犬山）、乌丘屿及大担岛等灯塔，不改装

新式灯机，并将其屋宇灯塔等，修葺一新，且在各站建筑码头，俾海关巡轮输送给养时，便利起卸。此外各站复设雾炮，以为警示船只之用。南澎岛（又名南坪）灯站所设雾炮，效用尤宏，往来船只，一律称颂，全国海岸巡防处所设东沙岛灯塔，曾于十四年（1925年）至十九年（1930年）间，交由海关管理。嗣于十九年（1930年）下半年，又由该巡防各自管，查该灯位置，距往来航路过远，光线微弱，仅能指示东沙岛附近礁石，他处未能照及，故于往来船只，无大裨益也。厦门进口水道，本期未发生变化，岸壁填筑工程，循序进行，并委荷兰治港公司于二十年（1931年）建筑海墙一段，长约一里（500米），原料系用混凝土，定于二十二年（1933年）竣工。

（二）《通商各关警船灯浮桩总册》

通商各关分划所属界限，厦门关自东澎岛起至晋江市泉州港止；闽海关自晋江市泉州港起至北交止；福海关自北交起至霞浦县南关澳（一作南镇澳）止。通商各关灯浮桩数目清单如表4-2所示。

表4-2　通商各关灯浮桩数目清单（座）

关	灯	浮	桩	共
厦门	4	10	16	30
闽海	6	15	14	35
福海	2	1	1	4

厦门关管辖的灯塔如表4-3所示。

表 4-3　厦门关灯塔表

灯号	隶属	名称	位置	形状	灯质	备注
四十三	福建省同安区厦门关	东碇岛	东碇岛之顶	黑色圆形塔	头等透镜四面白光常明间迅光灯	凡遇大雾时，该守灯人等若闻船后有用防险号者，迅即放炮响应，以示灯塔所在
四十四	福建省同安区厦门关	青屿	相近厦门外口南路青屿北坡上	红白二色竖角条线八形塔	四等透镜红白二光长明灯	此灯自北一度东起，至北五十七度西止，俱见红光；自北五十七度西起，经正西正南，至南五十度东止，俱见白光；自南五十度东起，至南八十九度东止，又见红光。凡遇大雾时，该守灯人等若闻船只有用防险号者，迅即放炮响应，以示灯塔所在
四十五	福建省同安区厦门关	大担岛	相近厦门外口北路大担岛上	白色铁灯房	六等透镜四面白光联闪明灭灯	
四十六	福建省同安区厦门关	北碇岛	厦门口外进门岛之东，北碇岛顶上	白色圆形塔	二等透镜，联闪急迅，四面白光灯	凡遇大雾时，该守灯人等若闻船只有用防险号者，迅即放炮响应，以示灯塔所在

厦门关管辖的灯浮如表4-4所示。

表4-4 厦门关灯浮表

灯号	隶属	名称	位置	形状	备注
一浮	福建省同安区厦门关	金门岛浮	厦门口外进门岛大沙尾之西南偏南角外	红色自鸣风笙警船浮一个，浮上书有白色洋文"Quemoy"，即系金门字样	往来船只不宜行于此浮及金门岛岸之中间，以防触沙之患
二浮	福建省同安区厦门关	斯底芬礁浮	厦门港斯底芬礁之东，斯底芬本系船名，因触此礁，故以船名礁	黑色警船浮一个，上置黑色球式篮帽	船只应行浮之东边，以防触礁之患
三浮	福建省同安区厦门关	外户碇礁东浮	厦门内港南路外户碇礁向东附近地方	黑白方格警船浮一个	往来船只不宜行于此浮及该礁西边之浮两浮之间，以防触礁之患
四浮	福建省同安区厦门关	外户碇礁西浮	厦门内港南路外户碇礁向西附近地方	红白方格警船浮一个	往来船只不宜行于此浮及该礁东边之浮两浮之间，以防触礁之患
五浮	福建省同安区厦门关	中礁浮	西名开塞礁，设在厦门内港南路内，外户碇之间，有礁石一段之东边	黑色警船浮一个	若船由东边隧道行驶，当在浮之东边驶过

续表

灯号	隶属	名称	位置	形状	备注
六浮	福建省同安区厦门关	内户碇礁东浮	厦门内港南路内户碇礁向东附近地方	黑白方格警船浮一个,上置黑色条编圆球	往来船只不宜行于此浮及该礁西边之浮两浮之间,以防触礁之患
七浮	福建省同安区厦门关	内户碇礁西浮	厦门内港南路内户碇礁向西附近地方	红白方格警船浮一个,上置黑色条编圆球	往来船只不宜行于此浮及该礁东边之浮两浮之间,以免触礁之患
八浮	福建省同安区厦门关	内沙石浮	厦门内港内沙石西北边之旁	红黑方格警船浮一个	往来船只不宜行于此浮及厦门岛之中间,以免触礁之患
九浮	福建省同安区厦门关	内土尾浮	厦门内港内土尾之北角外	红黑竖条警船浮一个	往来船只不宜行于此浮及鼓浪屿岸之中间,以免触礁之患
十浮	福建省同安区厦门关	免那华礁浮	鼓浪屿之西南方洋面,于该处所有墓前礁沙尾东南角之暗礁外	黑色警船浮一个,上书有白色洋文"Minerva",即系免那华字样,系德文夹板船名,因触此礁,故以船名礁	自浮视猴屿之顶,为北二十四度半,东又视鼓浪屿之旗仔尾,为北六十二东,又视厦门岛之头巾礁,为南八十五度东。往来船只不宜行于该浮及生屿之中间,以防触礁之患

厦门关管辖的灯桩如表4-5所示。

表4-5　厦门关灯桩表

桩号	隶属	名称	位置	形状	备注
二十四桩	福建省同安区厦门关	官柴礁警船桩	厦门口内鼓浪屿北角外之东北，官柴礁之顶上	黑色四方，尖刑警船石桩	该礁之顶，潮落时露出水面
二十五桩	福建省同安区厦门关	江心礁警船桩	厦门口内鼓浪屿之东，江心礁北沿	黑色四方，尖刑警船石桩	该礁之顶，潮落时露出水面
二十六桩	福建省同安区厦门关	章鱼礁警船桩	厦门口内鼓浪屿之东，章鱼礁北沿	黑色四方尖刑警船石桩一座，上置白色球式篮帽	自该桩向北少东，相距四十码，在朔望潮落时，水深英尺十四尺半（4.42米）之处，查有暗礁一块。又自该桩向东南偏东，相距约一百码之处，查有暗礁多块相连，为一段其中间之礁石为最高者，每朔望潮落时，礁上水深五英尺（1.52米）

二十七至三十九桩，福建省同安区厦门关，设在厦门口内，港乌笠燕尾外线、和尚礁、情仔脚石、内朴鼎、外朴鼎等（即鼓浪屿北角三礁，内港西边七礁，内港东边三礁），共有十三礁。礁上各设木杆警船桩一座，共计十三座。各杆顶置有白色球式篮帽，其乌笠燕尾外线三礁之桩俱系黑色，其和尚礁及情仔脚石等六礁之桩亦系黑色，其内朴鼎、外朴鼎等四桩俱系红色。其乌笠燕尾外线三礁之桩，为指明鼓浪屿北段礁之北角；其和尚礁及情仔脚石等七礁之桩，为指明内港西边之礁；其

余三礁之桩，为指明内港东边之礁。

(三)《中华民国沿海标杆浮桩表》

《中华民国沿海标杆浮桩表》由海军部海道测量局于 1936 年 12 月 31 日刊行。

四四，斯底芬礁，名称应改为左眼石。五二，鸡屿，自鼓浪屿西岸头见之大崖石，一四七英尺（44.81 米），正北 235 度，距离 8.6 链，此浮桩名称更改。二八，狗头礁，此标杆业已改为灯桩，表内应即删去，参阅海军部灯塔表补编第二期第一百号甲。

厦门立标变更表如表 4-6 所示。

表 4-6 厦门立标变更表

标号	立标名	英文	位置	变更
24、25	鼓浪屿海底电线标志	Ku‐lang‐seu Cable Ground Marks	鼓浪屿（Ku‐lang-seu）	拼写改为鼓浪屿（Ku‐lang-yu），备注（Guem a Ling）改为（Yen-tae-ting）
26	牛蹄礁立标	Gu-toi-ta Beacon	鼓浪屿（Ku‐lang-seu）	分别改名为牛蹄礁（Niu‐ti-chiao）和鼓浪屿（Ku-lang-yu）
27	新路头码头立标	Sin‐law‐tou Jetty Beacon	鼓浪屿（Ku‐lang-seu）	分别改名新路头码头（Hsin-lu-tow Jetty）和鼓浪屿（Ku-lang-yu）
28	狗头礁立标	Kau-thau-ta Beacon	鼓浪屿	表内删去
29	蟑鱼礁立标	Chio-tah Rocks Beacon	鼓浪屿（Ku‐lang-seu）	分别改名蟑鱼礁（Chang-yu-chiao）和鼓浪屿（Ku‐lang-yu）
30	面前礁立标	Bing-chin-ta Beacon	江心礁（Kang-sim-tah）	分别改名面前礁（Mien-chien-chiao）和江心礁（Kiang-hsin-chiao）

续表

标号	立标名	英文	位置	变更
31	江心礁立标	Kang-sim-tah Rocks Beacon	鼓浪屿（Ku-lang-seu）	分别改名江心礁（Kiang-hsin-chiao）和鼓浪屿（Ku-lang-yu）
32	水尺礁立标	Dafum Rocks Beacon	江心礁（Kang-sim-tah）	分别改名水尺礁（Shui-chih-chiao）和江心礁（Kiang-hsin-chiao）
33	牛灶礁立标	Gu-chau-ta Beacon	官柴礁（Ting-ta（Alibi）Rock）	分别改名牛灶礁（Niu-tsao-chiao）和官柴礁 Kuang-chai-chiao（Alibi Rock）
34	官柴礁立标	Ting-ta（Alibi）Rock Beacon	官柴礁（Ting-ta（Alibi）Rock）	改名为官柴礁 Kuang-chai-chiao（Alibi Rock）
35	鸟崎礁立标	Chau-kia Beacon	官柴礁（Ting-ta（Alibi）Rock）	分别改名为鸟崎礁（Wu-chi-chiao）和官柴礁 Kuang-chai-chiao（Alibi Rock）
36	外剑礁立标	Goa-chau Beacon	官柴礁（Ting-ta（Alibi）Rock）	分别改名为外剑礁（Wai-hsien-chiao）和官柴礁 Kuang-chai-chiao（Alibi Rock）

厦门浮标变更表如表4-7所示。

表4-7 厦门浮标变更表

标号	隶属	名称	位置	形状
44	左眼石浮标	Stevens Rock Buoy	鼓浪屿（Ku-lang-seu）	分别改名为左眼石 Tso-yen-shih（Stevens Rock）和鼓浪屿（Ku-lang-yu）
45	外户碇礁东浮桩	Coker Rocks East Buoy	鼓浪屿（Ku-lang-seu）	分别改名为外户碇礁东 Wai-hu-tin-chiao（Cocker Rocks）East 和鼓浪屿（Ku-lang-yu）

标号	隶属	名称	位置	形状
46	外户碇礁西浮桩	Coker Rocks West Buoy	鼓浪屿（Ku-lang-seu）	分别改名为外户碇礁西（Wai-hu-tin-chiao（Cocker Rocks）West）和鼓浪屿（Ku-lang-yu）
47	中礁浮标	Kaiser Rock Buoy	鼓浪屿（Ku-lang-seu）	分别改名为中礁（Chung-chiao（Kaiser Rock））和鼓浪屿（Ku-lang-yu）
48	内户碇礁东浮桩	Brown Rock East Buoy	鼓浪屿（Ku-lang-seu）	分别改名为内户碇礁东（Nei-hu-tin-chiao（Brown-Rock）East）和鼓浪屿（Ku-lang-yu）
49	内户碇礁西浮桩	Brown Rock West Buoy	鼓浪屿（Ku-lang-seu）	分别改名为内户碇礁西（Nei-hu-tin-chiao（Brown-Rock）West）和鼓浪屿（Ku-lang-yu）
50	内沙石浮标	Harbour Rock Buoy	厦门（Amoy）	分别改名为内沙石 Nei-sha-shih（Harbour Rock）和厦门 Sha-men（Amoy）
51	内土尾浮标	Kellet Spit Beacon	官柴礁（Alibi Rock）	分别改名为内土尾 Nei-tu-wei（Kellet Spit）和官柴礁 Kuang-chai-chiao（Alibi Rock）
52	鸡屿浮标	Minerva Rock Buoy	鸡屿（Minerva Rock）	与鼓浪屿西海岸显眼巨石（147 分）距离 8.6 链 235 度，修改了中文名字，将鼓浪屿由（Ku-lang-seu）改为（Ku-lang-yu）

（四）《中国沿海及内河航路标识总册》

　　为翔实记录海关在助航设备方面的工作业绩，从 1872 年开始，总税务司署造册处开始汇编《中国沿海及内河航路标识总册》（*List of lighthouses，lightvessels，buoys，beacons etc. on the coast and rivers of Chi-*

na）。从 1872 年至 1947 年，一年发行一期，"中华民国"海关纳税务司署。

1937 年各关所属灯塔、灯船、浮、桩及无线电桩数目表如表 4-8 所示。

表 4-8　1937 年各关所属灯塔、灯船、浮、桩及无线电桩数目表（单位：座）

关	岸上灯塔 （灯桩除外）	标桩 （装灯）	标桩 （不装灯）	浮标 （不装灯）	共
厦门	4	1	11	10	26
闽海	4	2	12	15	33
福海	2	0	1	1	4

灯类说明与灯光名称表如表 4-9 所示：

表 4-9　灯类说明与灯光名称表

灯类说明	灯光名称
定光灯	灯光继续，固定不变
闪光灯	灯光于一定时内，闪放一次，继之以暗，时间明短暗长
连闪光	灯光一定时内，连闪二次，或二次以上，或先闪一次后连闪二次，或二次以上
明灭相间灯	灯光于一定时间，明而覆灭，灭而复明，一明一灭，循环不已，而明灭时间，或相等，或明多于灭
连续明灭灯	灯光每间若干秒钟，连续骤灭二次，或二次以上
替光灯	灯光虽系固定不灭，但光之颜色，则互相交替
异色闪光灯	灯光系以白色及他色，互相闪放
异色连闪灯	灯光情形，与连闪灯同，唯以异色灯光循环连闪之
间闪异色定光灯	灯光情形，与定光灯同，唯每间一定时内，再加闪一次异色灯光

镜机区别如下，等级，镜机等级，纯依透镜之直径长短而定之。光力，光力之强弱，不凭等级，而以能抵若干枝烛力为断。中国沿海及内河各项浮标所饰颜色及位置说明表如表4-10所示。

表4-10 中国沿海及内河各项浮标所饰颜色及位置说明表

浮标类型	设置位置与目的	船舶注意事项
红色浮标	设于水道右边	凡进口船只，见有该色浮标，应由水道右边，即浮标之左面行驶
黑色浮标	设于水道左边	凡进口船只，见有该色浮标，应由水道左边，即浮标之右面行驶
红黑二色相间横纹浮标	设于水道中央	往来船只，应靠近该浮行驶
红黑二色直纹浮标	设于沙嘴尽头、浅滩或险礁内外两端，系为指示该沙滩等两旁，乃系航行正路之用	往来船只，切勿驶向该浮，及其所指险滩中间
红黑二色方格浮标	为系指示海中礁石及水道中央微小障碍之用，凡用于后者时，该浮即设于所指障碍物向海方面	往来船只，切勿驶向该浮，及其所指障碍物中间
红白二色方格浮标	设于水道右边，系为指示障碍物之用者	凡往来船只，见有该项浮标，应由水道右边，即浮之左面行驶
黑白二色方格浮标	设于水道左边，系为指示障碍物之用者	凡往来船只，见有该项浮标，应由水道左边，即浮之右面行驶
绿色浮标	系指明沉船之标识，若须装灯，则灯光亦为绿色，如沉船系在海绵，而其两旁尚有宽阔航路，则该浮常设于沉船之向海方面，如沉船位于江内、港内、江口、或狭窄水道内，则该浮常设于沉船向水道方面	

浮标类型	设置位置与目的	船舶注意事项
白色浮标	系专为测量而设，并不作指示航路之用	

上述各项浮标，俱系圆锥形，如有特殊形状，必于册内，分别载明。

中国沿海及内河各项标桩所饰颜色及位置说明如表4-11所示。

表4-11　中国沿海及内河各项标桩所饰颜色及位置说明

标桩类型	设置位置与目的	船舶注意事项
红色标桩	设于水道右边	凡进口船只，见有该色标桩，应由水道右边，即桩之左面行驶
黑色标桩	设于水道左边	凡进口船只，见有该色浮标，应由水道左边，即浮标之右面行驶
黑红二色直纹标桩	设于沙嘴尽头、沙滩或险礁内外两端，系为指示该沙滩等两旁，乃系航行正路之用	
红黑二色方格标桩	系为指示海中礁石及水道中央微小障碍之用	
红白二色方格标桩	设于水道右边，系指示海中礁石之用者	凡进口船只，应由水道右边，即桩之左面行驶
黑白二色方格标桩	设于水道左边，系指示海中礁石之用者	凡进口船只，应由水道左边，即桩之右面行驶

岸上标桩，系为船只求得方向，及引导船只驶江沙，或进入内河及港口等项之用，其所涂颜色，首须鲜明，大致系用红黑白三种，如有特

殊形式，必于册内载明，以资注意。上述各项颜色之规定，系专指标桩
躯干而言，至其顶端标识，则不受此项限制，如桩之躯干系红色或黑
色，其顶端标识，则可用相同颜色，或参以白色，或专用白色亦可；如
桩之躯干，系涂二色，则其顶端标识，亦涂同样颜色；倘有特殊情形，
必于册内，分别载明。

　　厦门关，自南澎岛起，沿岸至泉州市。闽海关，海务界限，系自泉
州起，沿岸至北茭止。福海关，海务界限，系自北茭起，沿岸至霞浦县
属南镇澳止。1937年厦门关所辖灯塔表如表4-12所示。

<h4 style="text-align:center">表4-12　1937年厦门关灯塔表</h4>

编号	隶属	名称	位置	经纬度	灯质	形状
四十九	福建省海澄县厦门关	东碇岛灯塔	东碇岛之巅	东经一百十八度十三分三十秒，北纬二十四度九分四十九秒又十分之一	连闪灯，每二十秒钟闪光四次。晴天时灯光射程海里数二十二海里	黑色圆塔
五十	福建省海澄县厦门关	青屿灯塔	厦门进口青屿北坡之上	东经一百八十度七分二十六秒又十分之三，北纬二十四度二十一分五十八秒又十分之一	定光灯，晴天时灯光射程海里数白光十五海里，红光八海里	白二色相间直纹八角形灯塔
五十一	福建省思明县厦门关	大嶝岛灯塔	厦门进口大嶝岛上	东经一百十八度十分零十分之六秒，北纬二十四度二十三分十六秒又十分之一	闪光灯，每三秒钟闪光一次，即明十分之三秒，灭二秒又十分之七。晴天时灯光射程海里数十海里	白色铁质小屋

续表

编号	隶属	名称	位置	经纬度	灯质	形状
五十二	福建省思明县厦门关	高石头（译音）灯桩	厦门港内礁石上	龙头码头东北一百八十英尺（54.86米）地方	定光灯	黑白二色相间横纹石塔一座，上置一灯
五十三	建省金门县厦门关	碇岛灯塔	金门岛东向，北碇岛之巅	东经一百十八度三十分十一秒又十分之一，北纬二十四度二十五分四十三秒又十分之九	连闪灯，每十五秒钟闪光二次。晴天时灯光射程海里数十八海里	白色圆塔

1937年厦门关所辖灯浮表如表4-13所示。

表4-13　1937年厦门关灯浮表

编号	隶属	名称	位置	形状	备注
四十三	福建省金门县厦门关	金门沙尾浮	厦门进口进门岛大沙尾之西南偏南地方	红色自鸣声浮一个，直径十英尺（3.05米），上书白色英文"Que-moy"字样	大潮低潮深度五十七英尺（17.37米）。凡往来船只，勿在本浮及金门岛之间行驶
四十四	福建省思明县厦门关	斯提芬礁浮	厦门港内，斯提芬礁之东	黑色浮标一个，直径六英尺（1.8288米），上置黑色球形标志	大潮低潮深度四十九英尺（14.9352米）。凡往来船只，勿在本浮东边行驶

编号	隶属	名称	位置	形状	备注
四十五	福建省思明县厦门关	外碇户（又名洋涨）东浮	厦门内港南路，外碇户以东地方	黑白二色方格浮标一个，直径六英尺（1.8288米）	大潮低潮深度四十三英尺（13.1064米）。凡往来船只，勿在本浮及外碇户西浮之间行驶，以防触礁
四十六	福建省思明县厦门关	外碇户西浮	厦门内港南路，外碇户以西地方	红白二色方格浮标一个，直径六英尺（1.8288米）	大潮低潮深度四十英尺（12.192米）。凡往来船只，勿在本浮及外碇户东浮之间行驶，以防触礁
四十七	福建省思明县厦门关	中礁（又名开塞礁）浮	厦门内港南路，外碇户及内户碇中间乱礁东边	黑色浮标一个，直径六英尺（1.8288米）	大潮低潮深度三十九英尺（11.8872米）。凡由东水道行驶之船只，应由本浮东边驶过，方防危险
四十八	福建省思明县厦门关	内户碇东浮	厦门内港南路，内户碇以东地方	黑白二色方格浮标一个，直径六英尺（1.8288米），上置黑色球形标志	大潮低潮深度六十三英尺（19.2024米）。凡往来船只，勿在本浮及内户碇西浮中间行驶，以防触礁
四十九	福建省思明县厦门关	内户碇西浮	厦门内港南路，内户碇以西地方	红白二色方格浮标一个，直径六英尺（1.8288米），上置黑色球形标志	大潮低潮深度六十三英尺（19.2024米）。凡往来船只，勿在本浮及内户碇东浮中间行驶，以防触礁

编号	隶属	名称	位置	形状	备注
五十	福建省思明县厦门关	内沙石浮	厦门内港，内沙石西北边	红黑二色方格浮标一个，直径六英尺（1.8288 米）	大潮低潮深度四十八英尺（14.6304 米）。凡往来船只，勿在本浮及西门岛之间行驶，以防触礁
五十一	福建省思明县厦门关	内土尾（又名涂尾）浮	厦门内港，内土尾北端	红黑二直纹浮标一个，直径六英尺（1.8288 米）	大潮低潮深度三十六英尺（10.9728 米）。凡往来船只，勿在本浮及鼓浪屿之间行驶，以防触礁
五十二	福建省思明县厦门关	墓前礁浮	鼓浪屿西南墓前礁沙尾东南角地方，视鼓浪屿高一百四十七英尺（44.8056 米）之圆石头，为正极北五十五度，相距八链又十分之六	黑色浮标一个，直径六英尺（1.8288 米），上书白色洋文"Minerva"字样	大潮低潮深度十五英尺（4.572 米）。凡往来船只，勿在本浮及嵩屿之间行驶，以防危险

1937 年厦门关所辖灯桩表如表 4-14 所示。

表 4-14　1937 年厦门关灯桩表

编号	隶属	名称	位置	形状	备注
三十六	福建省思明县厦门关	官柴礁（又名棺材礁）桩	厦门口内，鼓浪屿北端东北，官柴礁之上	黑色方尖花岗石桩一座，高二十二英尺（6.7056 米）	该礁之顶，于落潮时，露出水面

续表

编号	隶属	名称	位置	形状	备注
三十七	福建省思明县厦门关	江心礁（又名港心礁）桩	厦门内港，鼓浪屿以东，江心礁北沿之上	黑色方尖花岗石桩一座，高十五英尺（4.572米）	该礁之顶，于落潮时，露出水面
三十八	福建省思明县厦门关	章鱼礁桩	厦门内港，鼓浪屿以东，章鱼礁上	黑色方尖花岗石桩一座，高十七英尺（5.1816米），上置白色球形标志	该礁之顶，于落潮时，露出水面。本桩向北少东，相距四十码（36.576米）之处，有暗礁一块，于大潮低潮时，被水淹没十四英尺（4.2672米）半，又本桩东南少东，相距约一百码（91.44米）之处，有暗礁一段，内中高礁，于大潮低潮时，被水淹没五英尺（1.524米）
三十九	福建省思明县厦门关	高石头（译音）灯桩	厦门港内礁石上，在龙头码头东北一百八十英尺（54.864米）地方	黑白二色相间横纹石塔	在潮退尽时，高石头礁石露出水面为九英尺（2.7432米）；其余周围之小礁石，高低不一，或露出水面或没入水中，船只行驶此处，应距本灯半径六十英尺（18.288米）外，方可安全。（参阅本册各关所属灯塔表第五十二灯桩）

　　四十至四十七，福建省思明县厦门关，厦门内港桩，设在厦门内港礁石之上，设有木杆八架，每杆各置白色球形标志。首先三架，系为指示鼓浪屿北端附近诸坡北边之用。其余五架，则用以指示厦门内港西边诸礁之用。

（五）《海关海务科航船布告汇编》

1930 年《海关海务科航船布告汇编/海江警船示记》改译中文名为
《通商各关海江警船布告总册》。据 1931 年的《通商各关海江警船布告
总册》纪略二记载：自 1882 年，所有各示（160 号至 181 号）汇编为
第二簿。以后各示，按年汇造一簿。至 1930 年，汇造第 49 簿。1932 年
再更中译名为《海关海务科航船布告汇编》，其序言载："海关所属之
航行标示，凡有添撤或变迁情形，向系随时布告，以利航行。查此种布
告，计分两种情形，一系关于永久设置之标示，由海务科布告者；一系
关于临时设置之标示，由各口布告者。本编所载，皆系海务科之布告，
其各口所发者，则概不阑入。所有海务科刊发之布告，为便利查考起
见，逐年汇编一册，名为《通商各关海江警船布告总册》（今称《海关
海务科航船布告汇编》），1932 年汇编的布告，自 1024 号至 1038 号。"

为提高航海布告资料的积累，海关还曾发动沿海群众参与此项工
作，甚至借鉴走私情报的工作方法，进行有偿征集资料。例如 1935 年
5 月 24 日，海关总税务司梅乐和发布第 5099 号通令："着令持有证书
之缉私船主管官员按以往常规，以许诺付给少额酬金鼓励当地渔民、民
船船主等人，对海图上未标明之障碍物诸如水下暗礁、沉船残骸等，提
供精确位置之资料。该障碍物应处于水深小于周围水域平均深度或其深
度在低潮时不大于 30 英尺（9.14 米）者。搜集到此类资料后，应立即
通知当地所有船只，然后报告海务巡工司，并立即通报此项导航资
料。"由于航道讯息对航运安全的重要性，近代海关采取多种方法发
布、传播航道讯息。所有布告一经印发，立即张贴在海关门前的布告栏
内，同时传送至各船行、各国驻口岸领事馆等，外埠则交邮局递寄，紧
急讯息均用电报传送有关各口。1932 年，海务部门又增设航讯咨询接

待办公室，配备专用电话接受航运界人士查询。

五、管理

（一）管理体构

1912 年总税务司署改组机构设置，所属机构（职位）改用民国新名称[①]。除造册处和驻伦敦办事处名称未做变动外，总税务司署内各部门名称都有调整。总税务司署船钞部改为海政局，由海务巡工司继续负责灯塔设置及维护，重点实施对已建灯塔的改造。同年 3 月，总税务司署在其所属船钞部门所设的营造司（处）基础上组建工程局，负责统一管理海关关产，包括房地产、工厂、船舶、机械、灯塔等，总部设在上海．总税务司署将原船修部门所属的其余两个机构—灯塔处和理船厅合并，改为海政局，下设巡工科、理船科、灯塔科、运输科和华属海政局 5 个部门。

1929 年南京国民政府成立后，总税务司署海政局改称海务科，继续负责灯塔建造及设备更新事务。同年底，总税务司署所属亻务科撤销，其人员及职能并入已于一年前成立的总税务司署海务科（由总税务司署海政局改称而来）。1942 年 8 月，总税务司署在重庆南岸龙门浩新码头设立海务巡工司办事处，具体负责由总务科兼管的海务管理事务。同年 9 月，该办事处更名为总税务司署海务科（总务科海务股裁撤），成为专门负责海芬管理的单独科室。

1946 年 8 月起，总税务司署陆续对下设的各办公机构进行调整，其中海务科下设总务股、工程股、造船股、灯塔股、测绘股、军械股、

---

① 《中国海关通志》编纂委员会编. 中国海关通志 第 1 分册 ［M］. 北京：方志出版社，2012：305.

材料股和江务股①。

1947 年总税务司署将沿海灯塔划分为上海、青岛、厦门、广州 4 个辖区进行管理，并依次称为第一、第二、第三及第四辖区②。其中第一辖区灯塔的日常检修、维护及补给供应等工作由海务巡工司直接负责；第三辖区的工作由驻原门的灯塔巡视员负责。第二、第四辖区的工作分别由胶海关及九龙关临时安排的缉私船负责。

辛亥革命以后，航标管理机构仍然是海关，具体事宜由海务科负责管理，船钞部改名海政局，1925 年改名海务科（部）。抗日战争期间，沿海航标被日军控制，但仍由海关海务科维护。抗战胜利后，海关将沿海航标调整为上海、青岛、厦门、广州 4 个海区管理。1931 年，所有灯塔都装上配有较强光力、寿命较长的白炽灯。由全国海岸巡检处在东沙岛建立的灯塔，被归于设在厦门港的南部沿海灯塔管理范围③。厦门航道航标管理工作中华人民共和国成立前由海关总署海务处分管。

甲午战争后，原本是在厦门关管理下的一些灯塔被日本占领，使厦门关管理的灯塔一度减少。但此后，东涌灯塔、西洋山灯塔、七星山灯塔及冬瓜山 1 塔等的建设又使厦门关管辖的灯塔数量有所增加。至 1911 年，厦门关所辖的南段地区先后共建成灯塔 19 座，实际控制 16 座，管理人员达 80 余人，其中洋员 20 余人④。1912 年，船钞部改称海政局。1913 年，厦门关灯塔处改称为灯塔科，长官改名为巡灯司，1928 年时又改称灯塔巡视员。此后，由于时局动荡抗日战争日本的轰

---

① 《中国海关通志》编纂委员会编. 中国海关通志 第 1 分册［M］. 北京：方志出版社，2012：325.

② 《中国海关通志》编纂委员会编. 中国海关通志 第 1 分册［M］. 北京：方志出版社，2012：300.

③ 厦门港史志编纂委员会. 厦门港史［M］. 北京：人民交通出版社，1993：431.

④ 洪卜仁主编. 厦门航运百年［M］. 厦门：厦门大学出版社，2010：27.

炸等原因影响，厦门所辖的灯塔有所减少，一些灯塔被炸毁，一些由本口海关代管。这种状况直到1948年才结束。

厦门船钞部1830年至1948年部分年份的人数如表4-15所示。

表4-15 厦门船钞部1830年至1948年部分年份的人数

年份	洋员人数	华员人数	总人数
1930	21	97	118
1932	36	363	399
1948	2	158	160

（二）航标船艇

近代中国的航标辅助设施包括航标修理厂和航标船艇两大部分。在中华人民共和国建立前，海关将中国沿海划分为四个航标管理区，各海区都设立了航标的维修厂，以便及时对受损的航标进行修理。这四个维修厂分别设在了（上）海浦东陆家嘴、青岛港六号码头、厦门鼓浪屿河仔下和广州内港。近代整个福建沿海地区的航标维护都在鼓浪屿河仔下航标修理厂进行的。河仔下航标保养场的面积约为1000平方米，涨潮后高出海面1.5米庄右，可存放10个直径为6英尺（约1.83米）的锥形浮标。此外，场内建有大仓库和小仓库，大仓库主要是存放各种灯器、灯架、浮标等；小型的仓库则用以存放各种维修工具。航标保养场有电工、钳工、木工和浮标保养油漆工，约8人。这时的航标修理厂隶属于海关海务部门管辖。中华人民共和国成立后，该修理厂的管理权多次转交，最终于1982年移交给了上海航道局，地点迁到了厦门东渡。

"航标船艇"是航标日常管理和维护中十分重要的组成部分。近代中国海关，虽然缉私工作繁重，但还是投入相当数量的船艇用于沿海航标的日常管理和巡 检。消同治七年（1868 年），海关成立船钞部门后开始组建一支为船钞部服务 的船队，最初由海务税务司用海关经费从欧洲购买三艘轮船。其后由于海务事 务不断复杂，所需要的大巡船也不断增加，到了第一次世界大战期间，中国海 关拥有各种大巡船共计10 艘，大部分是向英国购买，其中以"并征"号最大，排水量约为1000 吨。这些大巡船的主要任务是保护税收、确保段内的水路安全、为灯塔灯船和浮标提供补给等。大巡船受海关税务司的领导，如果没有经过书 面的申请并获得该口岸税务司的同意，船钞部是不得派为他用。赫德也在总税务司通令中说道："各港口备三桅帆船或艇船一艘，以便理船厅对其毗邻水域执行正常监督，巡视浮标与标桩，与本地区之灯塔看守保持联络，及执行税务司要求之税务工作"。一战结束后，为了适应航运的要求，航标建设的步伐加 快，相应所需的航标船艇也有增加。中国海关分期向英国购买了一批航标船、测量船和缉私船，计有"北斗"（200 吨），"长庚"（232 吨），"流星"（800 吨），"海光"（600吨），"海星"（2000 吨），"春星"（2300 吨）及"关"字号（100 吨以下）缉私艇和航标艇，共 20 艘。这些船艇中"流星""海星""海光"和"并征"等四艘是为海关的航标和测绘工作而专门设计建造的主力船，"并征"驻在厦门港，其他三艘驻在上海港，均由海关海务科直接管理。

抗战期间，"海星""流星""并征""海光"先后被日本的飞机炸毁，中国沿海的航标补给由缉私船"联星"号担任。日本投降后，海关通过联合国的善后救济，从美国海军处得到一批舰船。海关对这些舰船进行改造，用于沿海的海务工作中，并按抗战前的船名命名，其中用作灯塔运输船的命名及分布如下："春星""海星""流星"和"景星"

驻上海，"福星"驻厦门，"福星"号负责以福建为主的第三海区灯塔、灯标及浮标的补给、维修和保养工作。虽然灯塔运输船和缉私船有所区别，但经常会因工作的需要，临时调缉私船来从事航标业务。如作为缉私舰的"专条""厘金""联星"等都曾从事过航标作业。而各港口维护本港口或附近的航标，大多是临时调用各关口的舰船来执行。

(三) 人员

总税务司署海政局及工程局内也分别设有华属海政局和华属工程局。洋员（洋班）大多充任各级海关机构的首领及要职，而华员（华班、华属）则多任低等级职位①。1912年总税务司署将其原船钞部门所属灯塔处和理船厅两个机构合并改为海政局，下设巡工科、理船科、灯塔科、运输科和华属海政局5个部门。巡工科内设有巡工司、副巡工司、巡江工司、供事、管驾、测量师、绘图师等职；理船科内设有理船厅、指泊所、入水匠、信旗吏、巡江吏等，其职权为测量船只吨数、验查损伤船只、调查失事缘由、验看领水执照及办理设立、迁移、修理、改造浮桩号船及灯表等事务；灯塔科设有巡灯司、值事人、灯船弁、水手等职，承担灯塔管理事务；运输科内分为洋班和华班两班，洋班主要由管驾官、正副管驾、正副管轮、训艇弁等人员组成，而华班主要由水手、伙夫、舱役、无线电报员等人员组成；华属海政局主要由值事人、指泊手、巡役、水手、听差、匠役、杂差等华员组成。1924年工程局调整内设部门，分设营造科、图画科、督工科和华属工程局4个部门。新增的华属工程局配置有匠董、机器匠、听差、水手、匠役、杂差等。

1928年总税务司署工程局改称为工务科，原工程局下设的营造、

---

① 《中国海关通志》编纂委员会编. 中国海关通志 第1分册 ［M］. 北京：方志出版社，2012：321.

图画、督工等科改为股①。翌年，总税务司署工务科撤销，所管事务并入海务科。1928年总税务司署海政局改称为海务科，下设巡工股、工程股、港务股、灯塔股和海务运输股等5个股，另附设有杂项部门。巡工股设有海务巡工司、海务监察、巡江事务长、军械员、盐船员、小轮检查师、测量员、灯塔管理员、税务员、制图员、河道管理员等；工程股设有总工程师、工程师、电机副工程师、机械副工程师、灯塔机师、无线电工程师、制图员、机匠、煤气匠等；港务股设有港务长、港务员、指泊员、验船员、速记员、军货栈管理员、港口警察、港口救火职员、港务办事员等；灯塔股设有灯塔巡视员、灯塔管理员、灯塔看守夫等；海务运输股设有浮标巡视船船长、小轮监察员、小轮驾驶员、小轮机师、水手、伙夫、舱役等；杂项部门设有河道员、警察守卫队、机师伙夫、水手海员、关役差役、巡役信号手等。

1923年增订《华班灯塔主事人诫程》16条。

各种各样的"诫程"内容非常齐全，涉及工作、生活等方面，可以看出 海关对灯塔人员管理的严格。如灯塔值班每日三个班次，日落到22点为第一班；22点到次日2点为第二班；2点到8点为第三班。值班任务就是守灯。诫程明确规定，值班时不许离开灯笼，不许打盹，如被发现就要处罚。此外，诫程还 对"树木不宜过高""严禁事外人居住""严禁聚赌""勿受私贿"等都作出严格的规定。灯塔管理人员的任务也是十分艰巨的。首先，必须保证灯塔正常发光，遇到大雾时，要保证雾号正常发音。其次，要保护好灯塔上的财产，防止被盗或被破坏，即使在发生战争时，也要坚守岗位。再次，对灯塔及其他设施要时

---

① 《中国海关通志》编纂委员会编. 中国海关通志 第1分册 [M]. 北京：方志出版社，2012：332.

刻保养，尤其是灯塔上的镜机要每天清洗，其他如塔身、码头、围墙等，也要经常清理。此外，对于其他助航设施维护方面，也制定一些相应规定。如海务巡工司和总工程师每年要对沿海每一座灯标至少巡检一次。规定驻上海、厦门的灯塔运输船，每到一处巡检，船长要率人员了解灯塔机械状况，例行检查等。

税专海事班是为海关缉私船和航标船培养人才的学校。初期由北京及江海、闽海、粤海、江汉等关同时招考。毕业后分配到海关缉私舰、航标灯塔补给船实习 2 年，然后派至海关机关及海关舰船担任高级职员，服务于我国海军、交通、海运、救捞、沿海及内河航道航标各领域。

船政学堂毕业生陈恩焘，1918 年任海军海政司司长、军务司司长，1921 年 10 月又兼海军海道测量局局长。陈恩焘考入福建船政后学堂第五届驾驶班①。光绪七年，陈恩焘毕业于后学堂第五届驾驶班。毕业后奉派登"扬武"号练习舰见习，因表现出色，被李鸿章选中，调往北洋水师任职。光绪八年，陈恩焘被保奖千总，充"超武"号兵船二副。光绪十一年初，陈恩焘积功充任旗舰"定远"号铁甲舰驾驶大副。陈恩焘为中国收回海道测量权立下了不可磨灭的功勋。北京政府海军部、外交部认为领海划界事关重大，决定设立海道测量局，培养自己的测量人才，自行丈量经纬度及测绘外海、内江图，以便收回被帝国主义控制的海关所的测量制图主权。1921 年 10 月，海道测量局成立，在英国曾经专门学习测绘海图的陈恩焘，成为中国第一任的海道测量局局长。中国海军海道测量局一成立，就照会各国驻华使团：以后未经我国政府许可，各国不得自由测绘中国领海。陈恩焘历任要职，最终官至海军

---

① 刘传标. 船政人物谱（上）[M]. 福州：福建人民出版社，2017：59.

中将。

（四）科技史

1924 年海务部门将厦门口外的北碇岛灯塔、东 海海区的东碇岛灯塔、山东半岛东端的成山角灯塔、庙岛列岛（位于黄海、渤海海区）的猴矶岛灯塔、南海海区南澎岛灯塔、改为新型灯机，光亮增至 40-75 万支，光亮度较以前激增 10 倍多。

第五章　现代厦门港航标

一、航路

1978 年随着改革开放政策的深入和厦门经济特区建设的迅速发展，厦门港的航线不断扩大，客货运量大幅度增长。2006 年 1 月 1 日，厦门湾内港口体制一体化整合，由新组建的厦门港口管理局统一管理厦门湾内的东渡、海沧、嵩屿、刘五店、客运、招银、后石、石码共 8 个港区[①]。2010 年 8 月 31 日，漳州港的古雷港区、东山港区、云霄港区、诏安港区并入厦门港。2013 年，厦门市加快推进东南国际航运中心建设，厦门港将形成"环两湾辖十区"的总体发展格局[②]，即以环厦门湾、东山湾发展为主，由东渡、海沧、翔安、招银、后石、石码、古雷、东山、云霄和诏安十个港区组成，其中客运功能主要集中在东渡港区的和平作业区、东渡客运区和五通作业区。

2017 年 3 月，厦门港被中国交通运输部设立为中国（福建）自由贸易试验区厦门片区国际船舶登记船籍港，成为中国自由贸易试验区 8

[①] 厦门市经济研究所编. 厦门市经济研究所研究成果汇编 2006 年［M］. 2006：83.
[②] 中国物流与采购联合会编. 中国物流年鉴 2013 下［M］. 北京：中国财富出版社，2013：356.

个国际船舶登记船籍港之一，也是中国国内首批获得批准的国际船舶登记船籍港。2017年，厦门港主航道四期建设提前完成，结束二十万吨级船舶进港需封航的历史①，提升了厦门港通航条件和安全性。

2020年，厦门港海沧航道扩建四期工程建设完成交工验收并投入使用。这一项目建成后，能够实现20万吨级与2万吨级、15万吨级与5万吨级集装箱船乘潮双线通航，厦门港港口功能得到进一步提升。2021年2月，福建省政府印发《福建省沿海港口布局规划（2020-2035年）》，明确全省沿海港口由厦门港、福州港、湄洲湾港、泉州港四个港口组成。全省沿海港口将形成以福州港、厦门港为全国沿海主要港口，其他港口为地区性重要港口，分工合作、协调发展的分层次发展格局。

据2022年5月厦门港口管理局官网信息显示，厦门港共拥有厦门市东渡、海沧、翔安和漳州市招银、后石、石码、古雷、东山、诏安9个港区，开通集装箱班轮航线共157条，其中国际航线99条，内支线12条，内贸线46条。据2022年3月厦门港口管理局官网信息显示，厦门港拥有航道总长约705千米，其中万吨级以上深水航道总长约210千米；20万吨级主航道水深达-16.6至-17.1米，底宽490至641米，可满足20万吨集装箱船舶与15万吨级集装箱船舶组合全潮双线通航要求，同时满足20万吨集装箱船舶与20万吨级散货船舶组合双线通航要求。

---

① 厦门市发展研究中心.2018-2019年厦门发展报告［M］.厦门：厦门大学出版社，2019：222.

二、航标

九龙江航标在中华人民共和国成立前是一片空白①。1952 年省航运管理局在漳州设立航管办事处后，为适应当时支前船舶运输安全需要，先后在内河和沿海港口航道中的沉石（封锁线）、沉船、暗礁、竹树头、浅滩、沙堆等地点设置简易导航标志。至 1954 年 6 月 24 日，九龙江北溪设有 5 个简易标，西溪漳州以下设竹标 4 个、浮筒 7 个。1955年，九龙江北溪新圩以下设立三等航标，浦南以下点油灯夜航。1956年石码航标站成立后，夜航延伸至浦南以上沙建。1961 年又修建航标12 座，并将原有木质小航标船改为机动铁壳航标艇。1955-1957 年九龙江水系设置航标概况表如表 5-1 所示。

表 5-1　1955-1957 年九龙江水系设置航标概况表

时间	河段	设置里程/千米	备注
1955	九龙江北溪浦南-新圩	40	新设置
1956	九龙江北溪新圩-福河	65	新设置
1956	九龙江西溪福河-漳州	12.5	调整
1957	九龙江北溪新圩-福河	112.5	调整

注：以上河段均设简易标。

1950 年 5 月后，中国人民解放军驻东山岛海军建设了东山港区的古雷头、鼎盖礁等 10 处设置灯桩②。1982 年改由上海航道局厦门航标区负责维护管理，并先后设置 6 处灯浮。此外，在东山港区外台湾海峡

---

① 福建省地方交通史志编纂委员会编著. 福建省交通志 [M]. 厦门：鹭江出版社，1998：192.

② 《中国海岛志》编纂委员会. 中国海岛志 福建南部沿岸 福建卷（第 3 册）[M]. 北京：海洋出版社，2014：649.

航道区域的兄屿设置一座灯塔。为保障通航安全，还开展了航道清障下作。灯桩有古雷头、塔屿、铁钉屿、马鞍屿、羊角礁、半羊礁、鼎盖礁、焰头礁、谢厝礁和白屿共10个。灯浮有下寨1号、下寨2号、下寨3号、鸡笼礁、铁钉屿西南、谢厝礁西北6个。

到1964年，厦门港电气化岸标设置里程75千米[1]，其中，设有不发光岸标35座、发光岸标21座、发光浮标3座；电气化水标设标里程为15千米。

随着闽江干流上航标的发展，九龙江上的各种标志也发生了很大变化。1964年5月，北溪福河至江东桥每4千米改建2座灯标，南中港海汀至海沧每15千米改建3座灯标。1969年，北溪郭坑至石码，设标里程17千米，设不发光标26座；北溪浦南至新圩，设标里程47千米，设不发光标36座；西溪漳州至石码设标里程20千米，设不发光标8座。至1990年，九龙江布设航标里程为北溪71千米、西溪4千米、干流南港26千米、南中港11千米，合计112千米。其中，北溪新圩至郭坑59千米，全部设立简易标，大部分为浮棒，数目随航道情况的变迁而异；郭坑至福河12千米，设不发光橄榄形铁浮标9个；西溪镇头宫至福河4千米，设不发光橄榄形铁浮标9个；福河至海汀（南港）21千米，设不发光橄榄形铁浮标16个。此外，漳州至镇头宫11千米，设浮棒标，1970年西溪建闸后撤去；南溪南陂至草埔头设石条岸标11座，南陂桥闸建成后停止布设。1990年，厦门港区共设有航标98座，将军头至诏安湾共设有航标50座。厦门港内海航标如表5-2所示[2]。

---

[1] 《福建航道志》编纂委员会编. 福建航道志 [M]. 北京：人民交通出版社，1997：258.

[2] 蒋福媛主编；《厦门交通志》编纂委员会编. 厦门交通志 [M]. 北京：人民交通出版社，1989：243.

表 5-2　厦门港内海航标

航线	里程（海里）	灯桩（座）	灯浮（座）	立标（座）	浮标（个）
厦门至安海、水头	75	19	1	12	1
厦门至海沧	15	1	2	2	0
厦门至马銮	15	2	0	0	0
厦门至同安下潭尾	30	0	0	5	0
总计	135	22	3	19	1

　　1984 年厦门港成为中国水上助航标志第一个实施新标准的港口①。20 世纪 80 年代，为适应改革开放新形势的需要，加强水上运输安全，省港航管理局按照中央交通运输部的指示，分两期对厦门港及九龙江通海口航道上的标志实施改建，使厦门海区水上航标制度与国际标准达到协调统一。第一期工程于 1985 年 8 月开始，同年 10 月 20 日结束，共改建了 3 座灯桩。其中，石井灯桩原为西界标，红白下纹桩身，联闪（2）红 6 秒，改为东方位标，黑色中有一条黄色带桩身，联快闪（3）白 10 秒，顶标为上下两个垂直的锥形，锥底相对；南中港 6 号灯原为分支汇合标，红黑直纹桩身，联闪（3）红 6 秒，改为西方位标，黄色中夹有一条黑带桩身，联快闪（9）白 15 秒，顶标为两个上下垂直的黑色锥形，锥底相对；目屿灯桩原为南界标，黑白横纹桩身，联闪（2）白 6 秒，改为北方位标，上黑下黄桩身连续快闪白光，顶标为两个上下垂直的黑色锥形，锥顶向上。

　　1999 年，厦门港有航标 108 座②，其中灯塔 3 座，灯桩 26 座，导标 4 座，灯浮 59 座，桥涵标 10 座，立标 1 座，雷应 4 座和差分全球定

---

① 洪卜仁主编. 厦门航运百年［M］. 厦门：厦门大学出版社，2010：29.
② 洪卜仁主编. 厦门航运百年［M］. 厦门：厦门大学出版社，2010：29.

位系统（RBN-DGPS）1座①。2001年，厦门航标区更名为上海海事局厦门航标处。2004年，厦门港有航标151座，其中灯塔3座，灯桩37座，导标6座，灯浮85座，桥涵标10座，立标1座，雷应7座，差分全球定位系统（RBN-DGPS）1座和其他航标1座。2009年，厦门港有航标287座，其中灯塔3座，灯桩69座，导标4座，灯浮166座，桥涵标18座，立标10座，浮标3座，雷应7座，AIS岸台2座，AIS航标应答器3座，差分全球定位系统（RBN-DGPS）1座和其他航标1座。

"十三五"期间，配合刘五店航道改扩建，新建灯浮25座、灯桩4座、灯船1座。

1986年厦门港及漳浦沿海航标改革一览表如表5-3所示。

表5-3　1986年厦门港及漳浦沿海航标改革一览表

标志名称	设立年份	改革前状况		改革后状况			
		标准	灯质	标准	顶标	颜色	灯质
荔枝礁灯桩	1954	特殊标	闪红1秒	左侧标	单个红色罐形	红	闪红4秒
大堤灯桩	1958	特殊标	联闪（2）白6秒	左侧标	单个红色罐形	红	联闪（2）红6秒
湾沟2号	1958	特殊标	联闪（3）白6秒	右侧标	单个绿色锥形锥尖向上	绿	闪绿4秒
湾沟3号	1958	特殊标	闪白4秒	右侧标	单个绿色锥形锥尖向上	绿	联闪（2）绿6秒

---

① 洪卜仁，中国人民政治协商会议，福建省厦门市委员会．厦门航运百年［M］．厦门：厦门大学出版社，2010：29.

续表

标志名称	设立年份	改革前状况		改革后状况			
		标准	灯质	标准	顶标	颜色	灯质
湾沟4号	1958	特殊标	闪白4秒	右侧标	单个绿色锥形锥尖向上	绿	联闪（3）绿10秒
湾沟6号	1958	特殊标	联闪（2）红6秒	左侧标	单个红色罐形	红	闪红4秒
湾沟7号	1954	特殊标	闪白4秒	左侧标	单个红色罐形	红	联闪（2）红6秒
湾沟11号	1954	特殊标	闪白4秒	左侧标	单个红色罐形	红	闪红4秒
湾沟13号灯浮	1954	特殊标	联闪（3）白10秒	左侧标	单个红色罐形	红	联闪（3）红10秒
湾沟1号立标	1954	特殊标	联闪（3）白10秒	左侧标	单个红色罐形	红	联闪（3）红10秒
湾沟2号立标	1954	特殊标	联闪（3）白10秒	左侧标	单个红色罐形	红	联闪（3）红10秒
湾沟3号立标	1954	特殊标	联闪（3）白10秒	左侧标	单个红色罐形	红	联闪（3）红10秒
湾沟4号立标	1954	特殊标	联闪（3）白10秒	左侧标	单个红色罐形	红	联闪（3）红10秒
湾沟5号立标	1954	特殊标	联闪（3）白10秒	左侧标	单个红色罐形	红	联闪（3）红10秒
湾沟6号立标	1954	特殊标	联闪（3）白10秒	左侧标	单个红色罐形	红	联闪（3）红10秒

续表

标志名称	设立年份	改革前状况		改革后状况			
		标准	灯质	标准	顶标	颜色	灯质
湾沟 7 号立标	1954	特殊标	联闪（3）白 10 秒	左侧标	单个红色罐形	红	联闪（3）红 10 秒
湾沟 8 号立标	1954	特殊标	联闪（3）白 10 秒	左侧标	单个红色罐形	红	联闪（3）红 10 秒
湾沟 12 号立标	1954	特殊标	联闪（3）白 10 秒	左侧标	单个红色罐形	红	联闪（3）红 10 秒
高崎灯桩	1954	特殊标	闪红 3 秒	左侧标	单个红色罐形	红	闪红 4 秒
南中港 1 号灯桩	1957	特殊标	闪红 3 秒	右侧标	单个绿色锥形锥尖向上	绿	闪绿 4 秒
南中港 2 号灯桩	1957	右侧标	闪白 1.5 秒	右侧标	单个绿色锥形锥尖向上	绿	联闪（2）绿 6 秒
南中港 3 号灯桩	1957	右侧标	闪白 3 秒	右侧标	单个绿色锥形锥尖向上	绿	联闪（3）绿 10 秒
南中港 4 号灯桩	1957	右侧标	闪白 1.5 秒	右侧标	单个绿色锥形锥尖向上	绿	闪绿 4 秒
南中港 5 号灯桩	1957	左侧标	闪红 3 秒	左侧标	单个红色罐形	红	闪红 4 秒
海门岛西角	1956	右侧标	闪白 1.5 秒	右侧标	单个绿色锥形锥尖向上	绿	闪绿 4 秒
大涂洲东沙嘴灯桩	1959	右侧标	闪白 3 秒	右侧标	单个绿色锥形锥尖向上	绿	闪绿 4 秒

标志 名称	设立 年份	改革前状况		改革后状况			
		标准	灯质	标准	顶标	颜色	灯质
旧镇湾 1 号 灯桩	1959	右侧标	闪白 3 秒	右侧标	单个绿色 锥形锥尖向上	绿	联闪（2） 绿 6 秒
旧镇湾 2 号 立桩	1959	左侧标	闪白 3 秒	左侧标	单个红色罐形	绿间红	闪红 4 秒
旧镇湾 3 号 立桩	1958	左侧标	闪白 3 秒	左侧标	单个红色罐形	绿	闪红 4 秒
旧镇湾 4 号 灯桩	1958	分支流 合格	联闪（3） 红 6 秒	右侧标	单个绿色 锥形锥尖向上	绿	闪（2+10） 绿 9 秒
旧镇湾 5 号 立标	1958	右侧标	联闪（3） 红 6 秒	右侧标	单个绿色 锥形锥尖向上	红	闪（2+1） 绿 9 秒
旧镇湾 6 号 立标	1959	右侧标	联闪（3） 红 6 秒	右侧标	单个绿色 锥形锥类向上	红	闪（2+1） 绿 9 秒
旧镇湾 7 号 立标	1958	左侧标	闪白 3 秒	左侧标	单个红色罐形	红	闪红 4 秒

1990 年厦门沿海及港区航道航标一览表如表 5-4 所示。

表 5-4　1990 年厦门沿海及港区航道航标一览表

湾	标名	概况
围头湾	内盘灯桩	红色八角形混凝土桩身，灯高 4 米，射程 8 海里
	分流礁灯桩	黑色八角形混凝土桩身，灯高 2.4 米，射程 7 海里
	独礁灯桩	六角混凝土桩身，灯高 3.7 米，射程 7 海里
	棺柴礁灯桩	六角形混凝土桩身，灯高 7.8 米，射程 4 海里

续表

湾	标名	概况
	石井灯桩	黑黄黑六角锥混凝土桩身，顶标为两个黑色锥形，锥底相对，东方位标，灯高 8.1 米，射程 3 海里
	东石灯桩	黑白木柱桩身，灯高 3.7 米，射程 4 海里
	北嶝西北礁灯桩（江心礁）	红色六角锥形混凝土桩身，灯高 3.4 米，射程 2 海里
	毒礁灯桩	白色锥形混凝土桩身，灯高 3.1 米，射程 7 海里
	北碇岛灯塔	位于围头湾口，北纬 24°25′38.2″、东经 118°30′14″，为白色砖砌圆塔，灯高 36 米，射程 11 海里
大嶝航道	荔枝礁灯桩 大嶝堤口南灯桩	均为红色方锥形桩身，顶标为红色罐形，左侧标
	大嶝湾沟 2 号、3 号、4 号灯桩	均为绿色水泥杆，顶标为绿色锥形，右侧标
	大嶝湾沟 5 号、7 号、11 号灯桩，大嶝湾沟 12 号、13 号浮标，大嶝湾沟 1 号、2 号、3 号、4 号、5 号、6 号、7 号、8 号立标	均为红色水泥杆或红色柱形桩身、标身，顶标为红色罐形，左侧标
	和尚礁灯桩	方锥形混凝土桩身，灯高 2.3 米，射程 7 海里
	七星礁堤外灯桩	黑白三角形混凝土柱桩身，灯高 3 米，射程 2 海里
	海蛤灯桩	方锥形混凝土桩身，灯高 2.7 米，射程 3 海里
	土地公礁灯桩	红色方锥形混凝土桩身，灯高 6.7 米，射程 4 海里
	沃头沟口灯桩	红色圆锥形混凝土桩身，灯高 5.4 米，射程 4 海里

湾	标名	概况
九龙江口至厦门港区	南港 1 号（线屿西伏顶礁）2 号、3 号、4 号灯桩	绿色桩身，顶标为绿色锥形，右侧标
	南港 5 号灯桩	红色桩身，顶标为红色罐形，左侧标
	南港 6 号灯桩	黄黑黄三角形混凝土桩身，顶标为两个黑色锥形，锥顶相对，西方位标
	目屿灯桩	黑黄圆形石砌桩身，顶标为两个黑色锥形，锥顶均向上，北方位标
	海门岛西南角灯桩、大涂洲东沙嘴灯浮、大涂洲西南角灯桩	均为绿色柱形桩身，顶标为绿色锥形，右侧标
	白房西灯桩	红色六角混凝土桩身
	南溪口灯桩	桩身为白色木三脚架
厦门岛东水道	小石虎礁西北角（海尾石）灯桩	六角形混凝土桩身，灯高 5.2 米，射程 7 海里
	小离亩礁（青鱼礁）灯桩	圆锥形混凝土桩身，灯高 5.3 米，射程 7 海里
	高崎浅滩灯桩	八角形混凝土桩身，灯高 4.8 米，射程 7 海里
厦门岛西水道	高崎灯桩，马銮 2 号、4 号、6 号、8 号灯浮，江心礁灯桩（中塔），蟑鱼礁灯桩，内户碇礁东浮标、中礁浮标、外户碇礁东浮标、32 号、34 号、37 号灯浮	均位于厦门岛西边，红色标身，顶标为红色罐形，左侧标
	马銮 1 号、3 号、5 号、7 号灯浮，酒瓮礁灯桩，牛烘礁灯桩、36 号、33 号灯浮，内沙石浮标，内户碇礁西灯浮，外户碇礁西灯浮，31 号灯浮	均位于厦门岛西水道，绿色柱形标身，顶标为绿色锥形，右侧标

续表

湾	标名	概况
	集美海堤东灯桩	位于集美镇，灯头装在堤洞口突出部灯高3.9米，射程7海里
	集美海堤西灯桩	位于集美镇，灯头装在堤洞口突出部灯高3.9米，射程2.4海里
	石湖浅滩灯桩	黑色八角形混凝土桩身，灯高5.4米，射程7海里
	马銮海堤立标	标身为红色混凝土杆
厦门岛西水道	大菰礁立标	方锥形混凝土桩身
	鳗鱼礁灯桩	位于和平港区，黑色八角形混凝土桩身，灯高5.4米，射程4海里
	猴屿灯桩	位于和平港区，红白横带圆锥形石砌桩身，灯高24.3米，射程7海里
	大屿灯桩	位于和平港区，红白竖条八角锥形石砌桩身，灯高42.2米，射程7海里
	官柴礁（西塔）灯桩	位于和平港区，黑红黑八角形混凝土桩身，顶标为两个黑色球形，孤立危险物标，灯高6.6米，射程6海里
	黄礁灯桩	位于和平港区，红色八角锥形混凝土桩身，灯高11.3米，射程3海里
	厦门港避风坞灯桩	白色方锥形桩身，灯高7.9米，射程2海里
	右眼石灯浮	西方位标，黄黑黄柱形桩身，顶标为两个黑色锥形，锥顶相对
厦门港口	大担岛灯塔	塔身为白色铁质小屋，灯高91米，射程10海里
	青屿灯塔	红白竖条八角形石砌塔身，灯高41.4米，射程16海里
	塔角灯桩	八角锥形混凝土桩身，灯高8米，射程7海里

湾	标名	概况
	龟礁灯桩	八角锥形混凝土桩身，灯高9.5米，射程7海里
	青礁灯桩	白色方形混凝土桩身，灯高16.1米，射程7海里
	浯屿灯桩	红白横带圆柱形石砌桩身，灯高59.8米，射程7海里
	东礁（圆顶岩）灯桩	八角形混凝土桩身，灯高13.9米，射程3海里
	镇海角灯塔	白色六角柱形混凝土塔身，玻璃马赛克贴面，灯高110.2米，射程24海里
	镇海角引导灯桩（前后）	红顶白身圆锥形石塔，灯高分别为28.9米、47.6米，射程为13海里。两灯一线度数为18°37′，前后标距离651.64米
	厦门口灯浮	右侧标，绿色柱形标身，顶标为绿色锥形
	定台头灯桩	红白横带瓷砖贴面圆柱形石砌桩身，灯高49.4米，射程9海里
	东碇岛灯塔	黑色圆塔，灯高69米，射程12海里，白光弧180°～360°，雾炮每隔5分钟放一次

（一）灯塔

厦门航标处目前管辖的灯塔，如表5-5所示[①]：

表5-5　厦门主要灯塔表

标名	经纬度	灯质	灯高/米	射程/nm	结构	塔高/米
猴屿灯塔	24°28.1′N，118°3.3′E	闪白6秒	33.1	16	红白横带圆柱形混凝土	19.9

---

① 中国人民解放军海军司令部航海保证部编制. 中国港口指南 东海海区 第2版［M］. 中国天津：航海图书出版社，2009：256.

续表

标名	经纬度	灯质	灯高/米	射程/nm	结构	塔高/米
南炮台灯塔	24°24.3′N，118°4.0′E	闪白 10 秒（备用灯 9 海里）	70.5	15	白色圆柱形混凝土	52.0
五通道灯塔	24°31.7′N，118°11.4′E	闪（3）白 15 秒（备用灯 9 海里）	80.2	16	白色圆柱形混凝土	86.9
镇海角灯塔	24°16.1′N，118°7.9′E	闪（2）白 6 秒	110.2	24	白色六角柱形混凝土，玻璃马赛克贴面	22.6
青屿灯塔	24°21.9′N，118°7.5′E	闪（4）白 20 秒	41.4	18	红白竖条八角形石砌	10.1
将军头灯塔	24°2.3′N，117°54.2′E	闪（3）白 10 秒	27.9	15	红白竖条六角柱形石砌，瓷砖贴面	15.0
古雷头灯塔	23°43.3′N，117°35.3′E	闪（2）白 10 秒	114.3	24	白色柱形混凝土塔瓷砖贴面	23.4
兄弟屿灯塔	23°32.0′N，117°41.3′E	闪（3）白 10 秒	73.5	16	红白竖条六角形石砌，瓷砖贴面	12.2

1. 镇海角灯塔

1889 年 12 月 20 日，在厦门港镇海角新设镇海角灯塔，此塔灯光射程 25 海里，是我国自行设计的国内第一个大型灯塔[①]。1992 年，建成了红坎指向标站并投入使用，完成了镇海角灯塔配套指向标固态发射机的安装、调试和试发讯，为中外船舶提供全天候服务。镇海角灯塔建成发光，结束了福建南部无大型灯塔的历史。该灯塔位于龙海市镇海角，地理坐标为北纬 24°16′9.2″、东经 118°7′51.5″，由厦门航标区投资 20 万元建造。塔身系钢筋混凝土六角柱形结构，白色玻璃马赛克贴面，

---

① 邓孙禄主编；叶志愿等编写.厦门港志［M］.北京：人民交通出版社，1994：46.

高 22.5 米，海拔高 110.2 米，上装 PRB-21 型旋转式灯具，射程达 24 海里。

镇海角灯塔内部建有镇海角灯塔航标文化展馆。镇海角灯塔航标文化展馆建设着眼于挖掘航标文化历史渊源、文化内涵及象征意义，重点介绍福建沿海及航标的发展与历史沿革，特别突出辖区内古代、近代建造的灯塔，结合妈祖的相关传说，追寻海上交流的历史渊源。镇海角灯塔展馆分室内有一个序厅和五个展厅，室外部分有体现航标发展的道路引导牌、福建沿海重要灯塔浮雕、灯塔地标等。该展馆另一功能将侧重作为对干部职工及青少年认识航标、关注航标、爱护航标的爱国主义教育基地。不仅是对广大海事干部职工进行中国航海史、航标史教育，也是爱国、爱海事、爱航标的教育的基地、窗口，也是营造良好育人环境的较好形式；它不仅是宣传航标文化、展示我国航标发展成就的重要窗口，也是缅怀历史、启迪未来、传承航标文化的重要平台，将会起到铭记历史、激励今天、教育后人的重要作用。

镇海角灯塔是我国自行勘察、设计和建造的第一座全天候多功能现代化大型灯塔。2006 年上海海事局提出了"丰富灯塔文化，综合开发、利用现有灯塔资源"的要求，厦门航标处在管辖海域的所有灯塔从其建造历史、所处地理位置、环境价值、当地旅游业成熟度、塔站值守情况、塔站资源等六方面做了开发利用的系统评估，从中筛选出最具有丰富的灯塔文化底蕴、开发条件比较成熟的镇海角灯塔，并委托有关部门对站点资源综合开发利用的专项策划。为弘扬海事航标文化，2008 年厦门航标处把灯塔一层原有的五间灯塔工宿舍、庭院和围墙近 250 平方米进行改造，投入近 100 万元改建成展馆。展馆共设有四个展厅，分别是中国航标发展简史、厦门航标辖区简介、航标文化和未来航标。

在镇海角灯塔设立灯塔展馆有着两层特殊的意义，其一镇海角灯塔是我国自鸦片战争以后第一座由中国人自行勘察、设计、施工的现代意义上的灯塔，该塔地处海峡主通道的重要转向点，归航点，也是进出厦门港的重要导航标志，因镇海航标塔建在厦门港南端的烟墩山上，扼守着南北通航干线的出入口，标志着我国沿海基本形成了现代化的"灯塔链"。其二是镇海角灯塔经过自动化改造后，缩减了灯塔的值守人员，腾出空间，才有条件设立展馆。

建设镇海角灯塔航标文化展馆，是上海海事局为学习实践、贯彻落实科学发展观，进一步弘扬航标文化，以弘扬爱国主义为核心的民族精神和以"燃烧自己，照亮他人"为核心的航标精神为重点，更好地加强对海事干部职工爱国、爱海事、爱航标和爱岗敬业的教育需要而建立的。

2022 年，中国航海学会公布了航海科普教育基地复核评审结果。经专家评议，东海航海保障中心镇海角灯塔展馆等 25 家基地顺利通过复评，继续被命名为中国航海学会航海科普教育基地。镇海角灯塔展馆利用独特灯塔资源，致力于科普航海知识和航标知识，弘扬海事航标文化、传承灯塔历史文化，展示时代精神，面向社会公众尤其是青少年开展航海、航标知识教育。展馆常年对外开放，每年定期举行"灯塔开放日"等活动，通过"请进来"和"走出去"相结合，组织开展了系列形式多样、丰富多彩的航海科普宣传活动，为中小学生、社会大众搭建了航标知识与文化传承的科普教育平台，已成为厦门及周边地区中小学校课外实践基地，2010 年被当地政府评为未成年人教育基地，2012年被列入首批中国航海学会"航海科普教育基地"。

2. 古雷头灯塔

古雷头灯塔（编号：3220），经纬度为 23°43.3′N，117°35.3′E，位于漳浦县古雷半岛。该灯塔于 1992 年元月设计，6 月间动工建设，同年12月试发光①。总体建筑于1993年12月竣工，1994年2月18日通过验收并正式发光。该塔灯高114.3米，塔身高23.4米，采用PRB21型密封旋转式灯器，主灯为32只，单只功率30V200W，射程为24海里；副灯8只，单只功率6V30W，射程为15海里；主副灯周期均为2闪/10秒，白色；该塔另配备国产DK-155灯器，射程为6海里，作为应急备用。灯塔能源主要靠市电供应，该塔也配备两部495AD型柴油发电机，以确保灯塔正常用电。灯塔结构白色柱形混凝土，瓷砖贴面。

1992年1月，南昌有色冶金设计研究院厦门分院设计灯塔成孔雀造型。同年6月，古雷头灯塔破土动工，12月30日灯塔试发光。灯塔的总体建筑于1993年12月竣工，建筑群依山傍海，突破了传统的灯塔设计模式，整体结构给人以立体美感。正面俯瞰，灯塔恰似孔雀开屏，侧面平视则如海豚戏水。1994年2月下旬，古雷头灯塔通过交通运输部验收。其建成投入使用，为海峡南来北往的船舶与进出东山港的国内外船舶安全航行，提供航海保障。

3. 兄弟屿灯塔

兄弟屿灯塔（编号：3246.1），位置为23°32.0′N，117°41.3′E，位于福建省东南，东山半岛东南海域，距东山县冬古码头约30千米，属东山县管辖。兄弟屿灯塔于1988年建②，1992年12月30日，桩身高12.2米、灯高73.5米、灯光射程16海里的兄弟屿灯塔正式发光，为红白竖条六角形石砌瓷砖贴面构造，太阳能电池供电。灯质为闪（3）白10秒，备用灯的灯质为闪（3）白10秒6海里。该灯塔改善了海峡两

① 杨利华. 加快支持系统建设，促进交通运输发展——1992年交通支持保障系统建设综述[J]. 水运工程，1993，(8)：1.
② 《中国海岛志》编纂委员会编著. 中国海岛志 福建南部沿岸 福建卷 第3册 [M]. 北京：海洋出版社，2014：736.

岸的通航条件，为进出东山港、汕头港的船舶提供了良好的助航条件，衔接了海峡南部、广东北部沿海的航标链。兄弟屿不仅地处我国重要的海运航线上，又是我国领海基点之一，对于维护我国海洋权益、巩固海防建设具有重大的现实意义。

兄弟屿由大甘、小甘和礁母礁三部分组成。小甘又叫弟屿，离东山本岛 15.5 千米，大甘又叫兄屿，和礁母离本岛有 17.5 千米。兄弟屿地处香港至厦门航线的必经之路。20 世纪 70 年代开始，管辖海上航运航标的海军，应渔民商船的要求，曾多次上岛勘测修建灯塔。由于海况复杂，岛屿陡峭险要，未能完成灯塔修建工作。从 1982 年厦门航标处接管航标以后，也一直想在这上面建灯塔，组织勘测了两三次。然而，它的一个特点是高度比宽度要长，所以很陡，所以即便上标都很难。另一个特点是南北朝向，造成避风面很窄，搬运设备材料上下很麻烦。采用美国 ML-300 型节能灯器和国内较为先进的太阳能电池等设备，并装有雷达指向标和供直升机降落的停机坪。灯标导航半径 18 海里，系交通运输部计划新建的沿海 47 个大型航标灯之一。

1993 年，建造太阳能电池房，安装 PRB-46MKⅡ型灯器，安装雷达应答器，信号为 M（--）。1996 年，改川 FA-252 灯器。1997 年，维修电池房，更换太阳能电池，安装 APRB-252 灯器；1998 年，灯器故障，2001 年 6 月 13 日，雷达应答器故障，同年 7 月 19 日恢复工作。在灯桩北侧修建直径 18 米的直升机降落平台。

4. 猴屿灯塔

猴屿灯塔于 1954 年建灯桩，1958 年、1983 年改建，1987 年装太阳能电池板，2001 年撤除灯桩，同年建设灯塔。2001 年 11 月 20 日正式发光①，隶属厦门航标处，编号为 3157，用红白横带圆柱形混凝土建造，塔身高度 19.9 米，灯高 33.1 米，射程 16 海里，灯器为 APRB-252 型灯器，附雷达信号 K（- · -），蓄电池和太阳能电池板供电，起到助航作用。

猴屿灯塔位于厦门港内的猴屿岛上、鼓浪屿北侧西方距岸约 8 链处的猴屿南部，红白横带圆柱形混凝土塔身，是 2001 年由原有灯桩撤除改建而成的，以太阳能电池供电，灯质为闪白 6 秒，钢筋混凝土结构，外形为圆柱形，塔上装有雷达应答器。该灯塔是厦门东渡港内的重要助航标志，为进出猴屿西航道和东渡航道的船舶提供了安全、便捷的导航信息。猴屿灯塔是引导船舶驶往东渡港区的重要导航目标。猴屿西侧还设有灯桩，另外猴屿上建有一座用于架设电力线的铁塔。猴屿周围有礁滩，北岸外水深不足 5 米的浅水区向北延伸约 1.2 链，南岸外水深不足 5 米的浅水区延伸约 1.6 链。猴屿灯塔北方约 2.6 链处，有一水深 4.5 米的铁质障碍物。猴屿灯塔东偏北约 3.1 链处存在一概位沉船（1998），该沉船东偏北方约 1.1 链处还有一沉船，其上水深 5.1 米。

5. 南炮台灯塔

2010 年 7 月 12 日，位于厦门港招银港区的南炮台灯塔正式亮灯。该灯塔灯高 70.5 米，是厦门港南岸的标志性建筑，也是闽南地区最高的灯塔。新建成的南炮台灯塔，每 10 秒闪 3 次白光，塔身由白色圆柱形钢筋混凝土构造而成，射程 15 海里。该塔将为进出厦门港南岸航道的中外船舶提供助航保障。在鼓浪屿南岸，朝东南方向远眺，就会看到这座灯塔。

南炮台坐落在福建省漳州开发区石坑社区屿仔尾东南，临海突出部

---

① 《中国海岛志》编纂委员会编著. 中国海岛志 福建南部沿岸 福建卷 第 3 册 [M]. 北京：海洋出版社，2014：462.

的镜台山上，故又叫屿仔尾炮台。南炮台是闽浙总督邓廷桢于 1840 年春为配合民族英雄林则徐在广东开展禁烟运动，以及为备战而建的。1891 年进行扩建并改装德国制造的克虏伯大炮，计有主炮一门，副炮三门，同厦门胡里山大炮为"姐妹炮"。三门副炮早已被拆毁，一门主炮也于 1953 年修建厦门高集海堤时被拆走。1840 年 6 月，鸦片战争爆发时，侵华英军总司令义律率舰侵扰厦门，英舰先后窜入青屿口和厦门内港，遭到厦门军民的英勇反击。

2007 年，由漳州开发区出资，按照"修旧如旧"文保原则，修复了南炮台，恢复原状，添置了克虏伯大炮等硬件，使之成为国防教育和爱国主义教育基地，每年都吸引有数十万游客慕名前来参观。2010 年，漳州经济技术开发区升格为国家级经济技术开发区，南炮台将原来的国防教育基地拓展为集旅游、教育于一体的海防文化国防教育基地。

6. 五通灯塔

五通灯塔位于厦门市湖里区环岛东路五通段临海地带，于 2012 年 1 月 4 日开工，2012 年 12 月建成①，灯塔高 83.6 米。五通灯塔本为翔安隧道通风而建，由于其高耸的建筑外形和优越的地理位置，除具有通风功能之外，还融入航标助航、导航功能。

五通灯塔公园位于厦门市湖里区环岛东路五通段临海地带，以灯塔为主题，融合五通古码头人文背景，结合既有的山体地理特征，因地制宜，造林造园。五通灯塔公园地图广场将海洋文化巧妙融入其中。园内每座雕塑台都用影雕的形式展现了一座世界知名的灯塔，还刻上了灯塔的名称、所在的国家。主要景观有五通灯塔、灯塔大道广场、地图广场及罗马亭广场等。厦门国际马拉松全程路线从与小金门岛隔海相望的厦

---

① 林建载. 厦门的公园［M］. 厦门：厦门大学出版社，2014：116.

门国际会议展览中心出发，最终到达五通灯塔公园。在 2019 厦门国际海洋周倒计时之际，为了迎接中华人民共和国成立 70 周年，也作为海洋周活动配套之一，由厦门市海洋发展局、厦门市青少年校外教育促进会主办的厦门海洋文化产业与海洋意识宣传教育研学活动、厦门首届海洋研学作文、绘画大赛启动仪式在厦门市灯塔公园举行。

沿着笔直的灯塔大道向灯塔走去，精美的雕塑台分布于道路两侧的绿化带中。基座平台上镌刻了 10 幅隽永的浮雕，分别展示了世界上最著名的 10 座灯塔：中国的硇洲灯塔、渔翁岛灯塔、泰国的蓬贴海岬灯塔、埃及的亚历山大灯塔、西班牙的埃库莱斯灯塔、南非的好望角灯塔、美国的鸽点灯塔、阿根廷的火地群岛灯塔、巴布亚新几内亚的马当灯塔、日本的横滨望海灯塔。在灯塔大道两侧布设了 30 座世界著名灯塔雕塑台，刻上了灯塔的名称、国家、高度以及建设缘由。

2011 年，"厦门号"帆船从五缘湾出发，成为首艘绕行全球一圈的中国帆船。为纪念这一壮举，原来的"地图广场"中心放置有一幅大型的世界地图，绘制了当年"厦门号"帆船的航行路线。

7. 将军头灯塔

将军头灯塔（编号：3202），也叫脚桶角灯塔，位于福建厦门港至漳州诏安湾之间的大陆岬角上，所在位置是 24°02′15.6″N，117°54′11.4″E，所用灯器为进口 TA-252 型灯器，以太阳能蓄电池供电，灯质为闪（3）白光、周期 10 秒[①]，塔身 15 米，灯高 27.9 米，射程 16 海里，石砌结构，外形为六角柱形，标身红白色竖条相间，塔上装有雷达应答器。该灯塔是漳州港海域和中国东南沿海干线航道的重要助航标志，是西岸重要导航标志之一，为进出漳州港和沿海过往船舶提供了安

---

① 中国人民解放军海军司令部航海保证部编制. 中国航路指南 东海海区 China sailing directions East China Sea eng ［M］. 北京：中国航海图书出版社，2006：211.

全便捷的助航信息。

（二）灯桩

驻守福建的海军部队在厦门港、东山港等处建立基地，接管旧有导航标志，并增建和完善沿海航线的导航设施①。1983 年上海海上安全监督局厦门航标区接管后，又进行修建与改造。至 1990 年，闽南沿海共设有航标 52 个。临门皋灯浮为黑黄柱形，顶标为两个黑色锥形，锥顶均向上，系北方位标；南碇岛灯桩，黑白黑横带圆柱形石砌瓷砖贴面桩身，灯高 60.5 米，射程 9 海里；将军头灯桩，红白竖条六角柱形石砌瓷砖贴面桩身，灯高 27.9 米，射程 7 海里；白礁（前岩）灯桩，白色六角柱形混凝土瓷砖贴面桩身，灯高 14.8 米，射程 10.5 海里；东礁（茅舍屿）灯桩，红色六角柱形石砌瓷砖贴面桩身，灯高 14.8 米，射程 10.5 海里。以上均为将军澳所设航标。

1995 年，在厦门港东渡港区二期工程航道建设中，海港航道施也应相应完善，在航道重要的转向点和水下碍航物增设了 4 座灯桩，改建和技术改造灯桩 5 座②。在九折礁、士岛、青礁、墓前礁和猴屿等 5 座灯桩安装 ML-300 电子闪光灯器，透镜采用丙烯酸树脂制成，光强度比玻璃磨光透镜大 1.67 倍．使用 TF-3B 换泡器，灯桩内还配置了 X 波段的鉴频雷达应答器，可以保障在视线不良的天气下安全航行。2002 年，在猴屿西航道工程建设中，新设灯桩 1 座。二期工程仍然采用东线航道，该航道曲折，转弯点有 5 处，并出现了"S"形的航段而且两弯之间的直线段长度达不到规范的要求。鉴于以上原因，航道设计采用导

---

① 福建省轮船总公司史志办编. 福建水运志 [M]. 北京：人民交通出版社，1997：118.
② 交通部基建管理司编．水运工程技术四十年 1951-1990 [M]. 北京：人民交通出版社，1996：705.

标、灯桩为主并辅以灯标做航道边界侧向标志。2003 年，高崎闽台避风港的一期工程，导航工程设灯桩 3 座①。

旧镇湾 1 号（虎头山）灯桩和旧镇湾 5 号、6 号立标，绿色标身，顶标为绿色锥形，右侧标；旧镇湾 2 号、3 号立标和 7 号灯桩，红色标身，顶标为红色罐形，左侧标。旧镇湾 4 号灯桩，红黑竖条方形混凝土桩身，灯高 5 米，射程 3 海里；旧镇湾 6 号灯桩、7 号立标、8 号灯桩（立标）、9 号灯桩（立标），均为黑色方锥形混凝土桩身；旧镇湾 10 号、11 号灯桩（立标），红色方锥形混凝土桩身；外鹰灯桩，红白横带圆柱形瓷砖贴面桩身，灯高 23.3 米，射程 10.5 海里；圣林屿（礼是屿）灯桩，黑色方锥形混凝土桩身，灯高 26.5 米，射程 7 海里。以上均为旧镇湾与浮头湾所设航标。

古雷头灯桩，红白相间横带圆柱形石砌桩身，灯高 121.9 米，射程 10 海里；东山树尾灯桩，白色圆锥形混凝土桩身，灯高 9 米；东门屿西灯桩，黑色圆柱形石砌桩身，灯高 9.3 米，射程 7 海里；铁钉屿灯桩，黑白竖条八角形石砌桩身，灯高 16.4 米，射程 7 海里；马鞍屿（马銮屿）灯桩，红黑竖条方形石砌桩身，灯高 10.5 米，射程 7 海里；羊角礁灯桩，圆锥形混凝土桩身，灯高 6.9 米，射程 7 海里；半洋礁灯桩，黑色方锥形石砌桩身，灯高 6.3 米，射程 7 海里；鼎盖礁灯桩，红黑横带圆锥形混凝土桩身，灯高 6.6 米，射程 4 海里；下寨 1 号、2 号、3 号灯浮，鸡笼礁灯浮，均为绿色柱形标身，顶标为绿色锥形，右侧标，且为防台风锚地标；焰头礁灯桩，红色方形石砌桩身，顶标为红色罐，左侧标；东山湾东堤灯桩，白色六角形混凝土桩身，灯高 7.3 米，射程 4 海里；谢厝礁灯桩，黑红黑横带方形桩身，顶标为两个黑色球

① 厦门市发展计划委员会，厦门市重点项目前期办公室. 厦门重点建设项目简介［M］. 厦门：厦门市发展计划委员会，2002：147.

形、孤立危险标，灯高 4.5 米，射程 6 海里；东山白屿灯桩、鸡心礁灯桩，均为黑色方锥形石砌桩身，灯高分别为 16.6 米、4.7 米，射程都是 7 海里；八尺门 1 号、2 号、3 号、4 号立标，均为球形顶标；网尾礁灯桩、员美礁灯桩，均为黑色八角锥形混凝土桩身，灯高分别为 5.4 米和 4.9 米，射程都为 7 海里；和尚礁灯桩，黑白横带方锥形石砌桩身，灯高 5.7 米，射程 7 海里；圆锥角鸡心屿灯桩，白色方锥形混凝土桩身，灯高 12.7 米，射程 7 海里；狮屿灯桩，黑白横带圆柱形石砌桩身，灯高 55.1 米，射程 9 海里。以上均为东山湾所设航标。

鲨角灯桩，白色方锥形石砌桩身，灯高 19.6 米，射程红色 3 海里、白色 7 海里，红光弧 3°–30°，其余白光。大炉白屿灯桩，白色方形石砌桩身，灯高 12.6 米，射程 4 海里；宫口牛马石（内屿西）灯桩，黑色六角形混凝土桩身，灯高 4.5 米，射程 3 海里；宫口港立标，球形顶标；宫口外屿灯桩，白色六角锥形混凝土桩身，灯高 24.2 米，射程 4 海里。以上均为诏安湾所设航标。

牛粪礁灯桩，位于火烧屿东偏北方 5 链处的牛粪礁上[①]，绿色八角锥形混凝土桩身瓷砖，是船在东渡港区航行的良好导航目标。在厦门港东渡航道分岔口水域，一处名为牛粪礁的礁石安装了全新的永久性固定航标。"莫兰蒂"台风过后，牛粪礁的航标被毁，厦门航标处紧急用临时浮标替代，发布航行警示，并同时启动固定航标的设计施工。牛粪礁的礁盘比较大，但全部处于水下，目不可视，港内高潮时，一些小船可以通航，但低潮时就存在风险。因此，建设永久性固定航标十分有必要。牛粪礁固定航标施工正式启动，其难度相当大。由于礁盘在水下，基座的建设需要进行小范围围堰、抽干海水，再进行打桩施工。厦门港

① 中国人民解放军海军司令部航海保证部编制. 中国港口指南东海海区 第 2 版 [M]. 天津：中国航海图书出版社，2009：208.

内的潮水是半日潮，也就是一天内有两次高、低潮，施工只能趁着低潮位的时候"见缝插针"。经过长达半年的施工，该航标近日建成。厦门航标处介绍，该航标使用航空铝合金建造，更加坚固、耐用。

鳗尾礁灯桩，位于猴屿东北方 6.2 链处[①]，白色六角形混凝土桩身，是船舶驶往东渡港区的良好导航目标，位于厦门港东渡航道猴屿东航段和猴屿西航段交汇处，是进出厦门国际邮轮中心的重要转向点，同时又是指示鳗尾礁石礁盘的重要标志，所在的水域船舶通航密度大、交汇频繁，进出东渡港区船舶都要以其作为转向和分支汇合的重要标志。暮色降临，一颗耀眼夺目的"海上明珠"在厦门港冉冉升起。采用美国进口 TRB-220 型灯器，夜间射程可达 15 海里；同时塔身采用了国际罕见、国内首创的通透发光设计，LED 灯管设置在其内部，在夜间格外醒目，与附近的海峡邮轮中心、海沧大桥和海湾公园相互融合、交相辉映，构成厦门港独具特色的港湾夜景。在厦门港东渡开港前，其前身是一座灯浮，开港后改为钢结构灯桩。在东渡二期工程时，重建为块石结构灯桩。

九节礁灯桩，位于浯屿岛东方约 6 链处的九节礁上[②]，红白相间横带圆柱形石砌桩身，瓷砖贴面，其上装有雷达答应器，是船舶在青屿水道航行的重要导航目标。九节礁灯桩北西北方约 8.6 链、厦门港主航道西侧，有最浅 12.8 米的浅水区，该浅水区西北方 4 链处还有一水深 14.8 米的礁石。九节礁灯桩西南至南方水域内存在低潮水深 2.8 米、2.6 米和 2.3 米的浅水深，且此处水深常有变化。厦门港主航道九节礁

---

① 中国人民解放军海军司令部航海保证部编制. 中国港口指南 东海海区 第 2 版 [M]. 天津：中国航海图书出版社，2009：259.

② 中国人民解放军海军司令部航海保证部编制. 中国港口指南 东海海区 第 2 版 [M]. 天津：中国航海图书出版社，2009：207.

附近水域是大型船舶进出厦门港的必经之路。该区域水流复杂、通航密集，碰撞和搁浅事故时有发生。船舶在航经该水域时，必须加强瞭望，谨慎驾驶，并遵从厦门海事交管中心的指挥。九节礁附近水域位于厦门港镇海角灯桩至青屿之间，范围为镇海角灯桩、九节礁灯桩和青屿依次连成的水域，该处船舶众多、来往密集，且在主航道左侧的五担岛属金门管辖，因此该水域被视为比较特殊的水域。6月11日，中国首座灯塔气象观测站"丝路海运"自动气象观测站在厦门港主航道九节礁建成投用，成为全国首座灯塔气象观测站。位于厦门港入出海口主航道边缘的九节礁附近水域，特定季节受大雾影响较大，气象观测的需求更为迫切。厦门港口部门着力发挥"丝路海运"联盟作用，联合气象部门、海事部门深入航运企业、码头企业调研，出海实地考察货轮进出港全过程，获取详细的港口气象信息。"丝路海运"自动气象观测站的建立，不仅有力保障了船舶通行安全，还将雾天通航效率提升了约10%，船舶进出厦门港可获得更加精细的气象服务保障，港口生产、船舶运营、货物流通等行业悉数受益。

至2022年6月，厦门港所辖港口共有灯桩129座，主要灯桩有：鳗尾礁灯桩、九节礁灯桩、黄礁灯桩、大屿灯桩、官柴礁灯桩、江心礁灯桩、蟑鱼礁灯桩、牛粪礁灯桩、南碇灯桩、定台头灯桩、狮屿灯桩、龙屿灯桩、诏安头灯桩、白礁灯桩、横屿灯桩、外鹰灯桩、铁钉屿灯桩等。2022年6月厦门港所辖部分灯桩表如表5-6所示。

表5-6 2022年6月厦门港所辖灯桩表（部分）

标名	经纬度	灯质	灯高	射程	结构
鳗尾礁灯桩	24° 28′ 36.3″ N 118° 03′ 44.6″E	闪白 4 秒 0.5+3.5	9.5	7	白色六角形混凝土；13.4

续表

标名	经纬度	灯质	灯高	射程	结构
九折礁灯桩	24° 20′ 10.4″ N 118° 09′ 42.3″ E	闪（2）白 6秒	13.6	10.5	红白横带圆柱形石砌，瓷砖贴面；14.9
黄礁灯桩	24° 26′ 37.5″ N 118° 04′ 23.6″ E	闪（2）红 6秒	14.3	3	红色八角锥形混凝土；3.3
大屿灯桩	24° 27′ 35.3″ N 118° 02′ 43.9″E	闪白4秒	44.8	7	红白竖条六角柱形石砌，瓷砖贴面；13.0
官柴礁灯桩	24° 27′ 29.5″ N 118° 03′ 47.9″E	闪（2）白 5秒	5.4	6	黑红黑八角形混凝土，顶标为两个黑色球形；10.3
江心礁灯桩	24° 27′ 07.0″ N 118° 04′ 05.5″ E	闪（2）红 6秒	7.9	3	红色八角锥形混凝土，顶标为红色罐形，9.0
蟑鱼礁灯桩	24° 26′ 59.7″ N 118° 04′ 10.7″E	闪红4秒	7.5	3	红色八角锥形混凝土，顶标为红色罐形；9.0
牛粪礁灯桩	24°29′56.7″N 118° 04′ 15.9″ E	闪（3）绿 10秒	8	4	绿白横带圆柱形铝合金结构，6.0
南碇岛灯桩	24° 08′ 05.6″ N 118° 02′ 16.6″ E	闪白5秒	60.5	10.5	黑白横带圆柱形石砌，瓷砖贴面；10.2
定台头灯桩	24° 14′ 29.0″ N 118° 05′ 52.5″E	闪白4秒	49.4	7	红白横带圆柱形石砌，瓷砖贴面；10.6
龙屿灯桩	23° 33′ 40.1″ N 117° 24′ 54.4″ E	闪（2）白 6秒	18	7	绿白横带圆柱形钢筋混凝土；8.0

续表

标名	经纬度	灯质	灯高	射程	结构
邵安头灯桩	23° 34′ 24.5″ N 117° 19′ 00.6″E	闪（3）白 10 秒	10.3	7	红白横带圆柱形钢筋混凝土；8.0
白礁灯桩	23° 54′ 42.5″ N 117° 51′ 42.0″ E	闪白 4 秒	26.4	10.5	白色六角柱形混凝土，瓷砖贴面；11.7
横屿灯桩	23° 49′ 04.9″ N 117° 45′ 42.6″E	闪（3）白 10 秒	63	7	红白横带圆柱形钢筋混凝土；8.0
外鹰灯桩	23° 46′ 57.6″ N 117° 44′ 04.6″E	闪（2）白 6 秒	24.9	10.5	红白横带圆柱形瓷砖贴面；10.0
铁钉屿灯桩	23° 44′ 40.0″ N 117° 32′ 18.3″E	闪白 1.5 秒	18	7	黑白竖条六角形钢筋混凝土；8.0

（三）灯浮

1887 年 1 月，杏林码头开始对航道、调头水域、港池及航标进行整治。进港航道与东渡港区、高崎港区航道连接，整条航道采用灯浮助航，共抛设浮筒灯标 8 个，航道的左右侧各 4 个，调头区水深 5.7 米，范围 300×400 平方米，3000 吨级货轮可直靠码头。

1995 年，在厦门港东渡港区二期工程航道建设中，海港航道施也应相应完善，在锚泊区水域和航道延伸段增设了灯浮 6 座，在航道拓宽段调整灯浮6座①。对困难的航段和船舶调头区分别设置了导标和边界灯浮标，建成全天候的助航设施。虎尾山、火烧屿2组导标。为了不受其背景灯光的干扰，除明显的选形、标色加以区别外，还安装了高分辨的显形霓虹灯。能源除霓虹灯利用岸电外，其余均采用了从美国引进的TDB100-369型太阳能组件并配备我国生产的性能好、少维护的GAM-300型蓄电瓶。

2002年，在猴屿西航道工程建设中，新设直径2.4米灯浮4座。

2003年，高崎闽台避风港的一期工程，导航工程设浮标4座②。

2004年，厦门湾大规模调整改造灯浮工程竣工。由此，厦门港万吨级主航道浮标灯光焦面高程提高到5.5米，为国内之最。

为推进海峡两岸民间交流往来，方便同胞回祖国大陆投资、经商、旅游，2005年7月和2007年2月分别完成厦门港金厦航线、金通航线的建设，各在航道两侧抛设了多座灯浮标，方便了两岸客轮的通航，确保两岸客轮通航的安全。为了铺设厦金航道从厦门和平码头到金门水头码头，2005年4月厦门航标处编制完成《厦金航道厦门段航标配布方案》。7月12日，厦金航道厦门段抛标工作启动，完成四座绿色右侧航标地抛设任务。7月20日，第二批四座红色的左侧标也顺利抛设完毕。整个航标抛设运用差分GPS定位方法，采用镇海角灯塔GPS台站的差分GPS信号，定位精度在5米以内。在这些标志上都安装有LED灯器和遥测遥控装置，厦门航标处可以通过信息中心对其进行遥测遥控管理。7月24日，厦金航道厦门段通过了上海海事局组织的航标助航效

① 交通部基建管理司编．水运工程技术四十年1951-1990［M］．北京：人民交通出版社，1996：705.

② 厦门市发展计划委员会，厦门市重点项目前期办公室．厦门市重点建设项目简介［M］．厦门：厦门市发展计划委员会，2002：147.

能验收。7月25日，随着厦金航道最后1座JX-11灯浮的抛设成功，上海海事局原门航标处圆港完成厘金航道厦门段全部10座航标抛设并正式实施对腹金航道便门段的航标管理工作。金门港也已提前完成金门段全部10座航标的抛设。厦金航道航标工程顺利竣工。

石码港区航道原配置立标10个，浮标10个，2006年初，厦门港口管理局投入资金25万元用于整修石码港区航道，全部整修工作于2006年1月24日完成。在普贤至鸡屿段航道内重新恢复抛设6个浮标，并对9个立标进行重新油漆。对灯桩的灯具、电池、太阳能板等主要部件全部换新，使航标标身颜色鲜明、灯光明亮，能清楚标示航道上主要碍航线段，为船舶安全航行提供了助航保障。同时开展厦门港石码港区天然水深航道航标抛设工程的前期工作。

2012年，在石码3000吨级航道建设中，新抛设1.8米浅水灯浮标6座以及移位灯浮标13座（其中1座改标别)[1]。在古雷航道二期工程第一阶段中，新设3座灯浮标[2]。

至2022年6月，厦门港所辖港口共有灯浮346座，其中厦门主航道59座，厦门港外推荐航道9座，后石航道13座，招银航道6座，海沧航道10座，金厦航线10座，金通航线10座，鹭江航道6座，马銮航道6座，刘五店航道16座，石码航道22座，古雷主航道19座，还有一些专用标灯浮。

（四）桥涵标

桥涵标是航行标志之一，设在通航桥孔迎船一面的桥梁中央，标示船舶通航桥孔的位置，引导船舶安全通过桥孔的航标。以海沧大桥桥梁

---

[1]　中国港口杂志社. 中国港口年鉴2013年版 [M]. 上海：中国港口杂志社，2013：164.
[2]　中国港口杂志社. 中国港口年鉴2013年版 [M]. 上海：中国港口杂志社，2013：164.

助航标志设计为例。厦门海沧大桥是横跨厦门港主航道的架空式跨海大桥①，为保证大桥及桥下通航船舶的安全，在符合国际通航船舶的规范性标准的前提下，对海沧大桥的桥涵标志进行航标配布设计以标示大桥横跨海域的航道界线及航道主轴线，为桥下通航的船舶提供安全可靠的助航指示。设计包括大桥的东航道及西航道的航标配布设计。根据设计依据、航道要求及航标设计的有关规范标准，海沧大桥桥涵标要满足以下几点要求：厦门港是夜航港口，应满足国际通航船舶的习惯性要求和国际航标协会的推荐规范以及国内航标管理的有关要求。厦门海沧大桥所设置的航标应位置准确，结构牢固，性能可靠，发光正常，效果明显。航标应易于维护检查，且能经常处于正常状态，可靠性较好。

由于海沧大桥属跨海大桥，桥涵标志的设置应遵循国际航标协会规定的水上浮标制度规范，海沧大桥水中无桥墩，桥梁部分跨度下可以航行，因此，不能在桥墩上设置助航标志进行助航，只能在桥梁的迎船面按海区水上助航标准设置助航标志，以标示航道的界限。按"航道走向"的航行原则，对东西航道的助航标志进行设计。

总体配布方案为：东航道的航道较宽，在东航道桥的桥梁上设置左右侧面标志，可以标示出航道的界限。设置最佳通过点，可以标示出航道的主轴线，并在最佳通过点上设置雷达应答器一座。西航道的航道宽度较小，在桥梁上设置左右侧面标志，可标示出航道的界限，不再设置最佳通过点。最佳通过点的设计：大桥航道的最佳通过点是指为船舶指示在桥下通过的最佳位置。东航道最高潮时，通航净高 55 米，净宽 450 米。东航道是厦门港的主航道，航道水深均在 9.0 米以上，且桥下

① 潘世建，杨盛福主编. 厦门海沧大桥建设丛书 第 7 册/第 8 册 交通工程/桥路面铺装 [M]. 北京：人民交通出版社，2003：177.

是东渡 4 万吨级码头，船舶体量大，吨位大，靠泊、离泊进出频繁。为更好地满足各类船舶使用东航道的要求，满足船舶的航行需要，在大桥上设置下方通过点，标示出航道的主轴线，可使航道分隔成双向航道，2.5 万吨级以上（不含 2.5 万吨）船型可以利用最佳通过点，将东渡航道作为单向航道；2.5 万吨级及以下船型可以利用最佳通过点及侧面标志作为双向航道航行，这样使航道的利用率大大提高，且有利于船舶的安全。西航道因其通航净宽、净高均较小，且非主航道，航运量较少，适合中小型船舶航行，设置最佳通过点没有实际意义。

（五）AIS 实体航标

根据 AIS 技术标准，AIS 航标可以分为依靠 AIS 岸台发射信号生成的 AIS 虚拟航标和通过实体 AIS 航标发射信号生成的 AIS 实体航标。至2022 年 6 月，厦门港 AIS 实体航标共 13 座，如表 5-7 所示。

表 5-7　2022 年厦门港 AIS 实体航标表

标名	MMSI	标别	纬度	经度
4 号 AIS 航标	999412644	左侧标	24°13′26.1″ N	118°16′23.2″E
11 号 AIS 航标	999412601	右侧标	24°19′16.8″ N	118°11′41.1″ E
15 号 AIS 航标	999412606	右侧标	24°22′12.7″N	118°08′16.3″ E
29 号 AIS 航标	999412602	右侧标	24°26′12.5″ N	118°03′10.4″E
42 号 AIS 航标	999412603	左侧标	24°28′55.3″N	118°03′30.0″ E
Y1 号 AIS 航标	999412699	推荐航道右侧标	24°13′45.1″ N	118°13′51.6″ E
Y6 号 AIS 航标	999412607	推荐航道左侧标	24°15′15.3″ N	118°10′52.5″E
201 号 AIS 航标	999412648	右侧标	24°17′54.1″ N	118°12′55.3″E

续表

标名	MMSI	标别	纬度	经度
209 号 AIS 航标	999412649	推荐航道右侧标	24°25′48.6″N	118°11′01.5″E
219 号 AIS 航标	999412650	右侧标	24°31′08.4″N	118°13′36.8″E
JT15 号 AIS 航标	999412619	右侧标	24°30′54.0″N	118°14′00.0″E
JT22 号 AIS 航标	999412625	左侧标	24°31′51.8″N	118°12′05.8″E
漳州 LNG9 号 AIS 航标	994131501	右侧标	24°12′23.1″N	118°07′14.2″E

（六）AIS 虚拟航标

过去，沿海航标以视觉航标和无线电航标为主，近年来随着 AIS 技术的日益成熟和广泛应用，虚拟航标作为一种新型助航标志，获得了应用与推广。虚拟航标是指物理上不存在，由经授权的助航服务提供部门发布能在导航系统中显示的数字信息物标。对于锚泊区、浅水区以及事故发生区可采用虚拟航标进行界定。例如船舶沉没时，在水域附近设置一定的设施来提醒附近过往船舶避开该区域，合理安全航行。最初只设置实体航标，需要航标船前去抛设沉船标，这不仅耗费人力物力，而且该时间段内经过的船舶也可能会遇到危险。若使用虚拟航标，当事故发生后，可在该水域相应地点设置若干座虚拟航标，第一时间对过往船舶发出警告。打捞工作完成、工程船离开后，再在计算机上撤销所设置的虚拟航标，这不仅大大提高了相关部门的应急反应能力，还大大减少了设置实体航标所耗费的人力物力。虚拟航标还可优化航标配布，对于一些特殊航道，如通航环境极其复杂的水域，很难设置实体航标，实体航标的设置会使航道对船舶的通航适应性及通航环境更差。这就需要设置虚拟航标以确保该水域船舶顺利安全航行，以保证船舶的安全航行。例如 2022 年 2 月 24 日东标动态字（2022）02 号所公布的虚拟航标："ZF

566 WRECK AIS 虚拟航标（原位置：24°06′38.5″，118°02′38.6″E，MMSI：994126318）位置调整至：24°06′38.6″N，118°02′39.1″E，其他不变。新设 MQY 01898 WRECK AIS 虚拟航标，位置：24°14′31.3″N，118°29′26.7″E，MMSI：994126324，航标类型：孤立危险物标，播发间隔：3 分钟。"

（七）雷达应答器

雷达应答器又称雷达信标和雷康，属于船舶无线电救生设备，它与船用雷达配合使用、为改善雷达目标识别能力而工作在航海雷达频段内的接收/发射设备。当雷达应答器被询问雷达触发时，它能自动地发射出在询问雷达显示器上显示的特征编码，以便提供雷达目标的距离、方位和识别信息。它通过接收船舶雷达发出的信号，雷达应答器收到此信号后立即应答并向船舶回发应答信号，正确引导船舶进出港。至 2022年 6 月，厦门港所辖港口共有航标雷达应答器 13 座，如表 5-8 所示。

表 5-8　厦门港 2022 年航标雷达应答器信息

雷达应答器安装地点	雷达应答器识别码	信号保留时间（圈）	信号间隔时间（圈）	工作频段	工作周期
海沧大桥	G（－－·）	8	8	X	40S
猴屿灯塔	K（－·－）	8	8	X	40S
厦 19 号灯浮	Y（－·——）	8	8	X	40S
青屿灯塔	C（－·－·）	8	8	X	40S
九节礁灯桩	M（－－）	8	8	X	40S
厦门口灯浮	G（－－·）	8	8	X	40S
南碇灯桩	X（－·· －）	8	8	X	40S
将军头灯塔	N（－·）	8	8	X	40S

续表

雷达应答器 安装地点	雷达应答器 识别码	信号保留 时间（圈）	信号间隔 时间（圈）	工作 频段	工作 周期
外鹰灯桩	G（－··）	8	8	X	40S
狮屿灯桩	Y（－·－－）	8	8	X	40S
兄弟屿灯塔	M（－－）	8	8	X	40S
东门屿西灯桩	N（－·）	8	8	X	40S
东山白屿灯桩	K（－·－）	8	8	X	40S

三、管理

（一）管理体构

中华人民共和国成立初期，厦门位于海防前线，为确保支前运输的安全和军事活动的顺利，厦门港及海岸沿线的航标建设得到加强[1]。1950年8月7日，交通部上海海务处厦门分处成立，分管航标[2]。1950年10月9日，中央和海关总督决定，将厦门海关所辖航标业务相关设施移交交通运输部[3]。1951年，交通运输部厦门海务办事处在厦门理船厅公所成立。1953年7月，海军接管航标，交通运输部厦门海务办事处交由厦门水警区管理，成立海军厦门航标部。1953年，厦门港所辖航标交归海军管理[4]。厦门港、九龙江以及晋江通海航道由厦门港务局负责管理。1958年港航合并，全省的近海港湾及内河航标统一由省航运管理局管理。1963年，厦门航标站成立，按照《内河航标规范》要

---

① 《福建航道志》编纂委员会. 福建航道志［M］. 北京：人民交通出版社，1997：258.

② 邓孙禄，叶志愿. 厦门港志［M］. 北京：人民交通出版社，1994：29.

③ 洪卜仁，中国人民政治协商会议，福建省厦门市委员会. 厦门航运百年［M］. 厦门：厦门大学出版社，2010：28.

④ 邓孙禄，叶志愿. 厦门港志［M］. 北京：人民交通出版社，1994：31.

求，对厦门地区的航标进行规范化管理。到 1964 年，厦门港电气化岸标设置里程为 75 千米，其中设有不发光岸标 35 座，发光岸标 21 座，发光浮标 3 座，电气化水标设标里程为 15 千米。厦门内港的航道航标，原由福建省航管局厦门分局航务工程大队管理。厦门内港航道航标的管理，一部分由福建省航管局厦门分局航务工程大队管理①。1979 年成立福建省航道工程处厦门航道段，下设霞浯航标站，配有航标艇 1 艘，管辖厦门内港航道 4 段及航道内所设航标。厦门航道段管区内（海）航道（由厦门至下潭尾）总里程 110 千米，航标 45 座，分设于 4 条航线：厦门至安海水头航线，全长 75 千米，设置航标 33 座（灯桩 20 座、灯浮 1 座、立标 11 座、浮标 1 座）；厦门至海沧航线，全长 15 千米，设置航标 5 座（灯桩 1 座、浮标 2 座、立标 2 座）；厦门至马銮航线，全长 15 千米，设置灯桩 2 座；厦门至同安下潭尾航线，全长 30 千米，设置航标 5 座（其中灯桩 1 座、立标 4 座）。

　　1982 年 8 月，交通运输部颁布海区航标管理工作的若干规定。规定指出："海区航标系指设置在海区的灯塔、灯桩、浮标、雾号、雾种、无线电示标站、导航台等助航设施"，"管理部门应保证规保证规定布设的航标，日夜不间断地发挥助航效能"，"对视觉航标要求标位准确、灯质正常、涂色鲜明、结构良好；音响航标要求清晰、发放及时；无线电航标要求讯号准确、频率稳定、功率正常、工作连续"。1983 年 1 月，厦门港航标军地交接完毕，交通部上海航道局厦门航标区成立，共有海上干线各种航标 106 个（含平潭 24 个），并代管东渡港 8 个航标。同年 11 月，平潭 24 个航标移交福州航标区，同时正式接管东渡港 8 个航标。至此，属厦门航标区管辖的航标共 90 个。

---

　　① 蒋福媛，《厦门交通志》编纂委员会. 厦门交通志 [M]. 北京：人民交通出版社，1989：243.

1980年4月25日，由海军驻厦部队管理的厦门港航标业务开始移交交通部管理①，交通部"上海航道局厦门航标区"筹备处成立。厦门港航标业务由驻厦海军移交该处管理，根据交通运输部指示，对厦门港及九龙江通海口航道上的标志实施改建，使厦门海区水上航标制度与国际标准达到协调统一。1987年1月，上海海上安全监督局厦门航标区成立②。厦门航标区分管海区自莆田湄洲湾大殿屿至东山狮屿，分泉州、厦门、东山三段海上公用干线航标。所辖区内设置各种助航标志91座，有航标艇3艘，分别驻泉州站、东山站（暂靠厦门东渡）、厦门站，作为巡检、补给基地。航标区设生产调度、行政、物资、修理等机构。业务经费根据厦门海关上缴之外轮及国轮进出口船吨税，由交通运输部下拨，每年拨给人民币120万元。1987年9月30日，厦门港务管理局港监部分划出，组建"福建省厦门海上安全监督局"，同时挂"中华人民共和国厦门港务监督"的牌子。通讯导航站（除总机室外）建制划归海监局。交通运输部所属地厦门航标区，厦门救助站挂靠海监局。到1995年，厦门航标区人员定编94人。内设机构有办公室、财务科、导航科、机料科等科室；下辖泉州航标站、东渡航标站、古雷头灯塔站、镇海角无线电指向标站等单位。至1995年，厦门航标区人员定编94人。内设机构有办公室、财务科、导航科、机料科等科室；下辖泉州航标站、东渡航标站、古雷头灯塔站、镇海角无线电指向标站等单位。

20世纪末，中国水上安全监督管理体制实施"一水一监、一港一监"的重大改革，交通运输部成立中华人民共和国海事局（交通运输部海事局），沿海和长江、黑龙江成立20个直属海事局。海区航标管理

---

① 邓孙禄主编；叶志愿等编写. 厦门港志 [M]. 北京：人民交通出版社，1994：37.

② 厦门市地方志编纂委员会编. 厦门市志 第1册 [M]. 北京：方志出版社，2004：596.

体制随之实施改革，将全国17个航标区（站）更名为16个航标处，分别归天津、上海、广东以及海南海事局管理。交通运输部负责海上公用航标、商港和以商为主的军商合用港的航标及内河航标；海军负责军港和以军为主的军商合用港的航标；渔港和渔场等渔业专用航标由渔业部门负责。对于交通运输部直属的海区航标，截至2012年11月中华人民共和国海事局是全国海区航标主管机关，负责全国海区航标管理工作；天津、上海、广东、海南海事局是海区航标管理机关，分别负责北方、东海、南海海区以及海南省的航标管理工作。

根据国家海洋发展战略和行政管理体制改革的总体要求，通过整合直属海事系统现有航标、测绘、通信等机构跨区域立交通运输部南海、东海、北海三个航海保障中心。航海保障中心主要承担辖区范围内海事航标建设养护港口航道测量绘图、水上安全通信等技术支持和服务保障职责。2012年9月，我国南海、东海、北海航海保障中心同时获批成立，并分别于11月26日、12月7日、12月20日正式挂牌。航海保障中心为交通运输部直属事业单位，纳入中华人民共和国海事局管理范围，分别委托广东海事局、上海海事局、天津海事局管理。三个航海保障中心及各航标处承担相应辖区范围内的航标建设养护工作。厦门通航海域的船舶航标标志设置与管理，隶属东海航海保障中心厦门航标处。福建省中南部和包含湄洲湾，泉州湾、厦门湾和东山湾等沿海水域二级航标站的建设、航标的维护和对航标相关行政管理以及技术支持等工作均由厦门航标处负责。

（二）航标船

航标船分为大型航标船、中型航标船、小型航标船。大型航标船、中型航标船，是用来进行航标布设、撤除、复位、更换、巡检、抢修、技术测定及航标建设中的有关工作。小型航标船是用来航标日常巡检、维护、保养、抢修及航标建设中的有关工作。

航标艇船舶水线以上的船体、上层建筑、桅杆、旗杆、吊艇架、风筒三切色均为白色。所有室外甲板的颜色均为墨绿色。锚机、纹盘、缆桩、导缆钳、锚穴、锚颜色均为黑色。

航标船艇船名编号"标"取字母大写"B",染黑色字母,船名编号用黑体字书写,如B-XXX。自2001年始,又统一改称为海标XXXX,如海标0516。自2013年6月始,又统一改称为海巡XXXX,如海巡1630。

中华人民共和国成立前,海关管理航标时期,尽管缉私工作繁重,但仍投入相当数量的船艇用于航标日常巡检与补给。1924年,胶澳商埠港政局港务科标识股下属船舶有"天王"和"北极"。日本侵华期间,大多海关船艇被日军征用。1945年抗日战争胜利后为尽快恢复沿海航标,海关通过联合国善后救济总署得到一批美国海军退役的舰艇作为缉私艇和灯塔运输船,当时胶海关有"海澄""海安""海威"巡缉艇负责沿海灯塔的巡检工作。1945年底,海关运输船"华星"号由上海来青岛,帮助胶海关恢复沿海各灯塔及辅助航海设施。据1950年8月海港工作报告中记载,当时胶海关有"天顺"汽艇、"威海"汽艇和"关德"汽艇,负责维护青岛港沿海的灯塔、灯桩和浮标,在维护更换大型浮标时,根据需要临时租用青岛市航务局的水上起重机。1950年11月,海关总署根据中央人民政府政务院的决定,将所辖航标设施(包括船艇)移交交通部。当时海关移交交通部的大型航标船有"景星""流星""海星""春星""兰州"及"海澄"等6艘。一些小型的航标艇分别移交上海、青岛及广州区海务办事处管理。1952年底,交通部以"建设助航标志"六字为寓意,将"景星""流星""海星"

"春星""兰州"及"海澄"分别命名为"海建""海设""海助""海航""海标""海志"。

1. "海巡 1630"轮

"海巡 1630"轮,中型航标作业船舶,1993 年 10 月 1 日建造,总长 61.50 米,船宽 11.50 米,型深 4.40 米,吃水 3.10 米,排水量 1046.7 吨。"海巡 1630"主要负责辖区浮标布设、撤除、复位、更换、巡检、抢修、技术测定及航标建设中的有关工作。

2. "海巡 16301"轮

"海巡 16301"轮,小型航标巡检船,1999 年 6 月 1 日建造,总长 32.23 米,船宽 5.60 米,型深 2.70 米,吃水 1.60 米,排水量 136.00 吨。"海巡 16301"轮是东海航海保障中心厦门航标处的一艘航标作业船,与厦门航标处 5 个基层航标管理站共同担负着辖区北起湄洲湾、南至诏安湾各港口及沿海航标的巡检、巡视与应急抢修。"海巡 16301"主要负责浮标日常巡检、巡视、保养、抢修及航标建设中的有关工作。

(三) 人员

1955 年 7 月,福建省开办首期航标员培训班,共有 30 名学员参加为期 1 个月的航标管理及维护知识培训[①]。以后又陆续开办 3 期,培养了一批航标管理与建设人才。与此同时,接收了分配来的一批航道专科与中专毕业生,进一步充实了航标管理队伍,提高了管理能力。

位于福建省厦门市的集美大学航海学院,是由被毛泽东赞誉为"华侨旗帜,民族光辉"的陈嘉庚先生于 1920 年创办,是国内历史最为悠久的航海类教育的高等院校。其中课程《航海学》中有讲授航标

---

① 《福建航道志》编纂委员会. 福建航道志 [M]. 北京:人民交通出版社,1997:350.

相关知识。航标与《航标表》：第一节，航标的分类；第二节，国际海区水上助航标志制度；第三节，中国水上助航标志；第四节，中国沿海《航标表》及英文版《灯标和雾号表》。在集美大学航海学院，立着一个灯浮。碑文如下：

　　航标是茫茫大海中给船舶指路的明灯，它们像颗颗明珠镶嵌在海洋上的岛礁、航门和港湾，为保护海员的生命和航行的安全，日日夜夜照亮着黎明前海洋。航标也是海事航标人用他们的青春和生命点燃的明灯。燃烧自己照亮人间的航标精神垂绩千秋。浮标灯，简称灯浮，是航标的一种典型标志，用于标示航道、锚地碍航物和浅滩等，或作为定位，或作为定位、转向的标志。该标志是标示航道左侧边界的灯浮，标身直径1.8米，射程5海里。祝贺我国首届海事航标助导航工程硕士研究生开班！

中国海事局敬赠
2012年5月29日

　　顾孝谦1951年毕业于税专海事班，在代表国家参与国际活动交流中做出了重要的贡献，国际航标协会（IALA）为此特授予国际荣誉会员称号。龚定鑫（海事班10期）、李志涛（海事班12期）学长年近90高龄，总结编写出版了《英汉航标词典》及《航道工程手册》海务文献。

　　2017年国际航标协会（The International Association of Marine Aids to Navigation and Lighthouse Authorities，缩写为IALA）风险管理工具培训在集美大学举办。9月15日上午，由交通运输部海事局、国际航标协会（IALA）联合主办、集美大学承办的"2017年IALA风险管理工具培训研讨会"闭幕式。

（四）科技史

1984 年 2 月 28 日，厦门航标区对厦门港 17 座助航标志按国家标准进行改装。为了保证航道畅通和航行安全，改善通航条件，提高通过能力，充分发挥水运在国民经济中应有的作用，厦门航标区于 1985 年对辖区内航标按 GB-4696 84 国家标准《中国海区水上助航标志》的规定进行改革。1986 年 9 月，厦门航标区对厦门港的航标按国际标准进行改造，使所辖海区航标与国际航标协会推荐的为多数国家所接受的海上浮标相同，具有标身鲜明、结构良好、易于识别等优点。1985 年和 1986 年分两期改建 33 座航标，使厦门港航标达到 A 级规定，所有灯标的名称（如侧标、变方向标）、颜色（如侧标左红右绿）、灯光等质量均符合要求。

1985 年，厦门港及九龙江通海口航道上的标志实施改建①，第一期工程 1985 年 8 月开始，10 月 20 日结束，共改建了 3 座灯桩。第二期工程 1986 年 8 月 15 日开始，9 月 5 日结束，共改建航标 34 座（包括漳浦沿海）。至此厦门港按（A）类规定完成 20 多座灯标改革任务，所有名称（侧标、变方向标）、颜色（如侧标左红右绿）、灯光等均按标准施工，质量达到规定要求。

推进和完善航标管理标准体系，建立健全航标管理法规和技术标准，进一步规范航标管理业务流程，不断提高航标维护保养质量。根据规范开展航标业务工作的需要，适时组织制定《航标周转器材报废标准》《海上风电场航标配布规定》《AIS 航标配布管理规定》《航标器材设备报废管理规定》《桥涵标巡检维护标准化流程》《游艇航道航标设

---

① 福建省地方交通史志编纂委员会编著．福建省交通志［M］．厦门：鹭江出版社，1998：196.

置规定》《航标安装标准化规定》等航标业务规范性管理文件，从航标配置标准化、航标安装标准化、巡检维护流程标准化三方面入手加强海区航标标准化建设，将海区所有标准化内容进行梳理，制订成航标标准化手册，持续提升航标业务管理科学化水平。

2020年1月15日，交通运输部东海航海保障中心厦门航标处为更好地保障水上往来船舶航行安全，对猴屿西航道、东渡港水上助航标志进行了全面实施效能改造，陆续起吊更换数十座新型滚塑环保灯浮和更换高分子聚乙烯顶标。

2020年厦门航标处主动对接厦门气象局，经过多重评估，确定了在厦门航标处9座固定标志设置自动气象站的方案，观测要素主要包括能见度、风向、风速、温湿度、气压等。观测站将采用太阳能供电和4G数据通信方式，通过多方数据共享为海事监管、港口部门精准决策提供依据，实现早发现、早预警、早联动。6月11日，"丝路海运"灯塔气象观测站在福建省厦门港九节礁建成并即刻投入使用。这是厦门市气象局、东海航海保障中心厦门航标处积极响应国家"一带一路"倡议，为21世纪海上丝绸之路核心区港口提供精细化服务的重要举措。该气象观测站是中国航天科工集团二院23所下属航天新气象公司设计。"丝路海运"自动气象观测站适应高温、高盐雾、强风等海洋环境，能24小时实时观测系统风向、风速、湿度等，每10分钟提供一组数据；并可根据需求增加海水表面温度、盐度、潮水高度等专门水文观测信息。

2022年5月31日，厦门新机场建设水域运沙航道上，厦门港辖区内第一座多功能智能航标——JH14号多功能灯浮成功投放。JH14号灯浮具有高科技、多功能、中国芯等智能化航标特点，在保留既有导助航功能的基础上，通过搭载态势感知系统，与周边其他传统导助航设施一起，为过往船舶及新机场建设提供更有力更全面的全天候、高精度、智能化导助航服务，可实时监测周边水域气象水文环境。

厦门2号大浮标观测水文气象数据如表5-9所示。

表5-9 2号大浮标观测水文气象数据

站点	监测时间	有效波高（米）	最大波高（米）
2号大浮标	01-JAN-19 01.50.00.000000 AM	3.30	5.00
2号大浮标	01-JAN-19 02.00.00.000000 AM	3.50	5.90
2号大浮标	01-JAN-19 02.10.00.000000 AM	3.50	5.90
2号大浮标	01-JAN-19 02.20.00.000000 AM	3.50	5.90
2号大浮标	01-JAN-19 02.30.00.000000 AM	3.40	6.00
2号大浮标	01-JAN-19 02.40.00.000000 AM	3.40	6.00
2号大浮标	01-JAN-19 02.40.00.000000 AM	3.40	6.00
2号大浮标	01-JAN-19 02.50.00.000000 AM	3.40	6.00
2号大浮标	01-JAN-19 03.00.00.000000 AM	3.80	5.70

2005年，厦门航标处在全国范围内率先实现了辖区内航标的100%遥测遥控。遥测遥控系统是利用现代网络、电子海图、GPS、通信和数据处理等技术，使航标主管部门远程、快捷地确定航标故障，采集航标的位置、电流、电压等参数，发布航标信息，提高航标管理效率和效能。系统主要由数字化航标终端、信息传输系统及综合监控系统三部分组成，其工作原理为：安装在航标上的数字化航标终端测定航标灯工作状态，通过信息传输系统将航标终端上传的信息传回综合监控系统。根据厦门航标服务质量体系文件规范要求，台风或强热带风暴过境后应尽快对所辖航标进行现场巡检，因此，叠加台风图层后，可以方便、全面

了解受影响航标信息，同时根据遥测遥控系统的预警信息结合视频巡检系统，亦能够更加清晰地明确失常航标。如果航标遥测遥控终端设备没有损坏的情况下，能够通过航标遥测遥控系统获取漂失航标的位置信息，通知船舶管理中心派遣船艇进行漂失航标的复位。在航标遥测遥控系统中，能够加载当前台风详细信息，不同预报机构预报台风的未来移动速度和移动路径预测等信息，系统支持台风实时路径、风向、风速显示在电子海图上，高亮显示并筛选出在 10 级风圈里的航标。

参考文献

[1] 福建省地方交通史志编纂委员会. 福建省交通志 [M]. 厦门：鹭江出版社，1998.

[2] 周凯. 厦门志 [M]. 台北：成文出版社，1967.

[3] 路甬祥，汪前进. 中国古代科学技术史纲地学卷 [M]. 沈阳：辽宁教育出版社，1998.

[4] 李维钰，沈定均，吴联薰，等. 中国地方志集成. 福建府县志辑. 光绪漳州府志 [M]. 上海：上海书店出版社，2000.

[5] 李铉，王柏，昌天锦，等. 中国方志丛书. 平和县志 [M]. 台北：成文出版社，1967.

[6] 沈轶剑. 八闽风土记 [M]. 福州：海峡文艺出版社，1992.

[7] 陈侨森，李林昌. 漳州掌故 [M]. 福州：福建人民出版社，2003.

[8] 张林森，张君旭，林立飞，等. 福建水运志 [M]. 北京：人民交通出版社，1997.

[9] 黄剑岚，陈吴泉，张日庆，等，福建省龙海系地方志编纂委员会. 龙海市志 [M]. 北京：方志出版社，1993.

[10] 倪合福. 龙海文物 [M]. 香港：香港联合出版社，1993.

[11] 陈耀得. 台海血脉缘 [M]. 福州：海潮摄影艺术出版社，2009.

[12] 薛起凤. 鹭江志 [M]. 厦门：鹭江出版社，1998.

[13] 顾延培，吴熙棠. 中国古塔鉴赏 [M]. 上海：同济大学出版社，1996.

[14] 孙群. 福建遗存古塔形制与审美文化研究 [M]. 北京：九州出版社，2018.

[15] 孙靖国. 舆图指要：中国科学院图书馆藏中国古地图叙录 [M]. 北京：中国地图出版社，2012.

[16] 郝玉麟. 福建通志 [M]. 扬州：江苏广陵古籍刻印社，1989.

[17] 徐学聚. 嘉靖东南平倭通录 [M]. 北京：全国图书馆文献缩微中心，1932 年.

[18] 张燮. 东西洋考 [M]. 北京：中华书局，1981.

[19] 向达. 两种海道针经 [M]. 北京：中华书局，2000.

[20] 邓钟. 安南图志 [M]. 北京：商务印书馆，1937.

[21] 黄江辉. 海韵东山 [M]. 福州：海峡文艺出版社，2009.

[22] 李竹深. 漳州诗存·唐宋卷 漳州文史资料特辑 [M]. 漳州：中国人民政治协商会议福建省漳州市委员会学习与文史委员会，2000.

[23] 厦门市姓氏源流研究会孙氏委员会. 柳塘志 [M]. 厦门：厦门市姓氏源流研究会，2000.

[24] 吴宜燮，黄惠，李田寿，等. 中国方志丛书 福建省《龙溪县志》[M]. 台北：成文出版社，1967.

[25]《首善芗城》编委会. 首善芗城 [M]. 福州：海峡文艺出版社，2009.

［26］江更生. 中华谜海［M］. 上海：学林出版社，2000.

［27］闵梦得，中国人民政治协商会议福建省漳州市委员会. 万历葵漳州府志［M］. 厦门：厦门大学出版社，2012.

［28］李维钰，官献瑶. 乾隆漳州府志［M］. 1806 年.

［29］魏荔彤，蔡世远，陈元麟，等. 康熙《漳州府志》［M］. 1715.

［30］冷洪恩，李兆谊，郎好成，等. 思想政治趣味案例精选 经济 政治 文化 哲学 400 例［M］. 北京：首都师范大学出版社，2006.

［31］马龢鸣，杜翰生，等. 中国方志丛书. 龙岩县志［M］. 台北：成文出版社，1967.

［32］江曙霞，蔡寿国，李伟华，等. 厦门市地方志编纂委员会. 厦门市志［M］. 北京：方志出版社，2004.

［33］林学增修，万友正纂修. 同安县志［M］. 上海：上海书店出版社，2000.

［34］朱奇珍，叶心朝，张金友，等. 康熙同安区志［M］. 福州：海峡书局，2018.

［35］朱元正. 江浙闽三省沿海图说［M］. 上海：上海聚珍版印，1899.

［36］张林森，张君旭，林立飞，等. 福建水运志［M］. 北京：人民交通出版社，1997.

［37］《土楼南靖》编委会. 土楼南靖［M］. 福州：海峡文艺出版社，2001.

［38］姚循义，李正曜. 南靖县志［M］. 南靖：南靖县地方志编纂委员会，1992.

[39] 李芳. 晚清灯塔建设与管理 [D]. 武汉: 华中师范大学, 2011.

[40] 章巽. 古航海图 [M]. 北京: 海洋出版社, 1980.

[41] 张廷玉. 明史 [M]. 北京: 中华书局, 2015.

[42] 罗才福, 何丙仲, 陈志铭, 等. 厦门文物志 [M]. 北京: 文物出版社, 2003.

[43] 叶嘉鲁. 中国航标史 [M]. 广州: 广州市新闻出版局, 2000.

[44] 邓孙禄, 叶志愿. 厦门港志 [M]. 北京: 人民交通出版社, 1994.

[45] 林开明. 福建航运史 古、近代部分 [M]. 北京: 人民交通出版社, 1994.

[46] 蒋福媛,《厦门交通志》编纂委员会. 厦门交通志 [M]. 北京: 人民交通出版社, 1989.

[47] 福建省厦门市地方志编纂委员会办公室. 民国厦门市志 [M]. 北京: 方志出版社, 1999.

[48] 郑工. 文化的界限 福建民俗与福建美术研究 [M]. 福州: 海潮摄影艺术出版社, 2002.

[49] 叶时荣. 厦门掌故 [M]. 厦门: 鹭江出版社, 1993.

[50] 宋平. 太阳世界 宋平诗集 [M]. 北京: 大众文艺出版社, 1997.

[51] 黄拔荆, 林丽珠. 厦门名胜诗词选 [M]. 福州: 海峡文艺出版社, 2007.

[52] 黄建琛. 养心斋吟草 [M]. 北京: 团结出版社, 2002.

[53]《风韵诏安》编委会编. 风韵诏安 [M]. 福州: 海峡文艺出

版社，2009.

[54] 厦门大学物理系. 自强不息之路：纪念厦门大学半导体学科建设五十周年 [M]. 厦门：厦门大学出版社，2007.

[55] 陈荫祖，吴名世. 中国地方志集成 福建府县志辑"民国"诏安县志 [M]. 上海：上海书店出版社，2000.

[56] 周跃红，陈宝钧，沈耀喜，等. 诏安县志 [M]. 北京：方志出版社，1999.

[57] 鞠盛，黄君主. 全国诗社诗友作品选萃（第12集）[M]. 北京：华艺出版社，2002.

[58] 柯渊深，政协龙海市文史资料委员会. 石码史事 辑要 [M]. 龙海：中山印刷厂，1993.

[59] 林凤声. 中国地方志集成 乡镇志专辑 石码镇志 [M]. 上海：上海书店出版社，1992.

[60] 朱元正. 福建沿海图说（附海岛表）[M]. 上海：上海聚珍版印，1899-1902.

[61]《中国海岛志》编纂委员会. 中国海岛志 福建南部沿岸 福建卷（第3册）[M]. 北京：海洋出版社，2014.

[62] 吴文林. 云霄厅志 全 [M]. 台北：成文出版社，1967.

[63] 漳州市诗词学会. 漳州诗词（第2集）[M]. 漳州：漳州市诗词学会，1994.

[64] 福建省炎黄文化研究会，福建省作家协会. 走进云霄：漳江岸畔梦长圆 [M]. 福州：海峡出版发行集团，海峡书局，2016.

[65] 陈峰注. 厦门海疆文献辑注 [M]. 厦门：厦门大学出版社，2013.

[66] 黄仲昭, 福建省地方志编纂委员会旧志整理组, 福建省图书馆特藏部, 等. 八闽通志 [M]. 福州: 福建人民出版社, 2006.

[67] 福建省龙海市地方志编纂委员会. 龙海市志 [M]. 北京: 方志出版社, 2017.

[68] 刘辉主. 五十年各埠海关报告 (1882-1931) [M]. 北京: 中国海关出版社, 2009.

[69] 厦门港史志编纂委员会. 厦门港志 (第1集) [M]. 厦门: 厦门港史志编纂委员会, 1991.

[70] 陈文涛, 陈泽起. 福建近代民生地理志 [M]. 福州: 远东印书局, 1929.

[71] 洪卜仁, 中国人民政治协商会议, 福建省厦门市委员会. 厦门航运百年 [M]. 厦门: 厦门大学出版社, 2010.

[72] 《福建航道志》编纂委员会. 福建航道志 [M]. 北京: 人民交通出版社, 1997.

[73] 黄序鹓. 海关通志 [M]. 北京: 琉璃厂印刷所; 共和印刷局, 1921.

[74] 通商海关造册处. 通商各关警船灯浮桩总册 [M]. 上海: 通商海关造册处, 1927.

[75] 海军部海道测量局. 中华民国沿海标杆浮桩表 [M]. 北京: 海军部海道测量局刊行, 1936.

[76] 海关海务巡工司. 中国沿海及内河航路标识总册 [M]. 上海: 上海总税务司公署统计科, 1937.

[77] 厦门港史志编纂委员会. 厦门港史 [M]. 北京: 人民交通出版社, 1993.

[78] 交通运输部东海航海保障中心．东海海区航标发展策论 [M]．北京：人民交通出版社，2017.

[79] 郭禹，张吉平，戴冉，等．航海学 [M]．大连：大连海事大学出版社，2014.

[80] 海关总署《旧中国海关总税务司署通令选编》编译委员会．旧中国海关总税务司署通令第 3 卷 1831-1942 年 [M]．北京：中国海关出版社，2003.

[81] 海关总署《旧中国海关总税务司署通令选编》编译委员会．旧中国海关总税务司署通令 第 1 卷 1861-1910 年 [M]．北京：中国海关出版社，2003.

[82] 陆潜鸿．中国地方志 镇海卫志 [M]．台北：成文出版社，1983.

[83] 中华书局影印．清实录 第 12 册 高宗纯皇帝实录 [M]．北京：中华书局，2012.

[84] 徐尚定标点．康熙起居注 第 2 册 标点全本 [M]．北京：东方出版社，2014.

[85] （美）马士，区宗华，岭南文库编辑委员会，广东中华民族文化促进会等．东印度公司对华贸易编年史 [M]．广州：广东人民出版社，2016.

[86] 沈岩．船政学堂 [M]．北京：科学出版社，2009.

[87] 郑云，林靖华．石码史迹研究 [M]．福州：海峡书局，2017.

[88] 大清各口巡工司报．光绪三十二年通商各关警船灯浮桩总册 [M]．上海：通商海关造册处，1906.

[89] 英国海图官局,陈寿彭.台湾文献汇刊 新译中国江海险要图志 [M].厦门:厦门大学出版社,2003.

[90] 中华人民共和国海事局.中国沿海进港指南(东海海区)[M].北京:人民交通出版社,2020.

[91] 水银.天下开港 [M].宁波:宁波出版社,2018.

[92] (英国)金约翰 John W. King,(美国)金楷理口,(怀远)王德均等.海道图说 [M].上海:上海书局,1896.

[93] 班思德,李廷元.中国沿海灯塔志 [M].上海:海关总税务司署统计科印行.1932.

[94] 北京大学图书馆.皇舆遐览:北京大学图书馆藏清代彩绘地图.北京:中国人民大学出版社,2008.

[95] 陈锳.中国方志丛书.海澄县志(乾隆二十七年刊本)[M].台北:成文出版社,1968.

[96] 陈自强.明清时期闽南海洋文化概论 [M].厦门:鹭江出版社;福州:海峡出版发行集团,2012.

[97] 地方史志编纂委员会.南靖县志 [M].北京:方志出版社,1997.

[98] 厦门大学物理系.自强不息之路 纪念厦门大学半导体学科建设五十周年 [M].厦门:厦门大学出版社,2007.

[99] 林天人.皇舆搜览 美国国会图书馆所藏明清舆图 [M].台北:"中央研究院"数位文化中心,2013.

[100] 郑若曾.筹海图编 [M].香港:中华书局,2007.

[101] 龚洁,何丙仲收集整理,何志伟校.厦门碑铭 [M].厦门:厦门博物馆,1991.

［102］赵振武．西行日记［M］．北京：华文出版社，2015.

［103］《中国海关通志》编纂委员会编．中国海关通志 第2分册［M］．北京：《中国海关通志》编纂委员会，2012.

［104］林树海．台湾文献汇刊 啸云山人文钞 闽海握要图［M］．北京：九州出版社；厦门：厦门大学出版社，2004.

［105］上海市档案馆着．上海档案史料研究 第22辑［M］．上海：上海三联书店，2017.

［106］江涛．近代福建沿海助航标志探析［D］．福州：福建师范大学，2012.

［107］中华人民共和国厦门海关．厦门海关志：1684-1989［M］．北京：科学出版社，1994.

［108］中国人民解放军海军司令部航海保证部编制．中国港口指南 东海海区 第2版［M］．天津：中国航海图书出版社，2009.

［109］福建年鉴编纂委员会编纂．福建年鉴 2012年［M］．福州：福建人民出版社，2012.

［110］林建载．厦门的公园［M］．厦门：厦门大学出版社，2014.

［111］卫杰绘．海口图说［M］．1891.

［112］中国人民解放军海军司令部航海保障部．航标表 东海海区［M］．北京：中国人民解放军海军司令部航海保障部，2011.

［113］李顺芳主编．闽西旅游［M］．厦门：厦门大学出版社，2015.

［114］吴长锦着；漳平一中编．晚晴［M］．漳平：漳平一中，2007.

［115］牟应杭撰．中国古地名揽胜［M］．昆明：云南人民出版社，

2013.

[116] 中国人民政治协商会议福建省漳州市芗城区委员会会文史资料委员会. 漳州芗城文史资料 第1辑 总第19辑 [M]. 漳州：中国人民政治协商会议福建省漳州市芗城区委员会会文史资料委员会，1991.

[117] 厦门市地方志编纂委员会办公室整理. 厦门志 清道光十九年镌 [M]. 厦门：鹭江出版社，1996.

[118] 湖里区地方志编纂委员会办公室编. 厦门市湖里区志 [M]. 北京：方志出版社，2014.

[119] 李维钰，沈定均，吴联薰等. 中国地方志集成. 福建府县志辑. 光绪漳州府志 [M]. 上海：上海书店出版社，2000.

[120] 厦门市地方编纂委员会编. 厦门市志 第4册 [M]. 北京：方志出版社，2004.

[121] 梁兆阳修. 崇祯海澄县志 [M]. 北京：书目文献出版社，1992.

[122] 陈自强. 明清时期闽南海洋文化概论 [M]. 厦门：鹭江出版社；福州：海峡出版发行集团，2012.

[123] 南靖县地方志编纂委员会编. 南靖石刻集 [M]. 福州：海潮摄影艺术出版社，2007.

[124] 国家文物局. 中国文物地图集 福建分册 下 [M]. 福州：福建省地图出版社，2007.

[125] 文松. 近代中国海关洋员概略 以五任总税务司为主 [M]. 北京：中国海关出版社，2006.

[126] 上海中国航海博物馆主办. 国家航海 第13辑 [M]. 上海：

上海古籍出版社，2015.

　　[127] 山东省地方史志编纂委员会编. 山东省志 海事志 1861-
2005 [M]. 济南：山东人民出版社，2011.

　　[128] 刘传标. 船政人物谱（上）[M]. 福州：福建人民出版社，
2017.

　　[129] 洪振权主编；吴淞商船专科学校同学会编. 淞水潆回 海涛
澎湃：吴淞商船学校在沪复校六十周年纪念 [M]. 上海：吴淞商船专
科学校同学会，2006.

　　[130] 王斌义. 港口物流 第2版 [M]. 北京：机械工业出版社，
2018.

　　[131] 厦门市发展研究中心. 2018-2019年厦门发展报告 [M]. 厦
门：厦门大学出版社，2019.

　　[132] 厦门市政协办公厅，厦门市社会发展研究会编. 厦门社会
发展年鉴 1997-2001年 [M]. 厦门：厦门市政协办公厅；厦门：厦门
市社会发展研究会，2002.

　　[133] 潘世建，杨盛福主编. 厦门海沧大桥建设丛书 第7册/第8
册 交通工程/桥路面铺装 [M]. 北京：人民交通出版社，2003.

　　[134] 厦门市统计局，国家统计局厦门调查队编. 厦门经济特区
年鉴 2014 总第26期 [M]. 北京：中国统计出版社，2014.

　　[135] 漳平市地方志编纂委员会整理. 漳平县志 [M]. 漳平：武
平县方圆印刷有限责任公司，2002.

　　[136] 厦门市历史影像研究会编. 厦门记忆 一本让你记住乡愁的
书 [M]. 厦门：鹭江出版社，2016.

　　[137] 国家文物事业管理局主编. 中国名胜词典 福建、台湾分册

[M]. 上海：上海辞书出版社，1981.

[138] 福建省炎黄文化研究会等编. 闽南文化新探 第六届海峡两岸闽南文化研讨会论文集 [M]. 厦门：鹭江出版社，2012.

[139] 杨明主编；侯峰，邓韶征副主编；曾昭沫，黄建新，陈维芳编委. 龙江花潮花乡文学作品集 [M]. 北京：中国文联出版社，1998.

[140] 刘瑞光，中共厦门市委宣传部，厦门市社会科学界联合会. 厦门故迹寻踪 [M]. 福州：海峡文艺出版社，2018.

[141] 江更生主编. 中华谜海 [M]. 上海：学林出版社，2000.

[142] 张方义. 朴石诗词 [M]. 2002.

[143] 中国人民政治协商会议福建省诏安县委员会. 诏安文史资料 第5辑 [M]. 漳州：中国人民政治协商会议福建省诏安县委员会，1984.

[144] 福建省诗词学会编. 福建诗词 第14集 [M]. 福州：福建省诗词学会，2005.

[145] 汪天风总编. 中华风韵 当代诗人咏中华 [M]. 北京：华夏文化出版社，1999.

[146] 于淼编著，沈丽颖主编. 妈祖信俗 [M]. 长春：吉林出版集团有限责任公司，2014.

[147] 中国人民政治协商会议福建省漳浦县委员会文史委员会编. 漳浦文史资料 第13辑 [M]. 漳浦：漳浦县政协文史资料委员会，1994.

[148] 临海市历史文化名城办公室，临海市诗词楹联学会合编. 诗词卷 中国历史文化名城临海 [M]. 台州：浙江台州印刷厂，1997.

[149] 厦门市同安区政协文史资料委员会编. 献给第六届世界同

安联谊大会 同安文史资料 地灵人杰专辑 [M]. 厦门：厦门市同安区政协文史资料委员会，2005.

[150] 厦门市民政局编. 厦门市地名志2010 下 [M]. 福州：福建省地图出版社，2010.

[151] 彭一万. 诗游厦门 [M]. 厦门：鹭江出版社，2001.

[152] 颜立水著. 金同集 [M]. 北京：中国文联出版社，2005.

[153] 洪卜仁主编；中国人民政治协商会议，福建省厦门市委员会编. 厦门气象今昔 [M]. 厦门：厦门大学出版社，2010.

[154] 上海中国航海博物馆编. 上海 海与城的交融 [M]. 上海：上海古籍出版社，2012.

[155] 林尔嘉，李禧撰. 顽石山房笔记 紫燕金鱼室笔记 [M]. 厦门：厦门大学出版社，2017.

[156] 李保栽，赵涛. 中国古塔大观 [M]. 郑州：河南科学技术出版社，1987.

[157] 浙江省测绘与地理信息局编. 浙江古旧地图集（上） [M]. 北京：中国地图出版社，2011.

[158] 漳州市诗词学会编. 漳州诗词 第2集 [M]. 漳州：漳州市诗词学会，1994.

[159] 邓孙禄主编；陈国清等编. 厦门港口纪事 [M]. 大连：大连海运学院出版社，1992.

[160] 福建省炎黄文化研究会，福建省作家协会编. 走进云霄：漳江岸畔梦长圆 [M]. 福州：海峡出版发行集团；福州：海峡书局，2016.

[161] 薛晗. 日本国立国会图书馆藏《福建海岸全图》成图时间考 [J]. 珠江水运，2022，(7)：1-4.

[162] 薛晗主编，柴田，兰培真，郭志富，蔡龙安编．[M]．福州：福建人民出版社，2021.

[163] 曹婉如．中国古代地图集 清代 [M]．北京：文物出版社，2000.

[164] 邹爱莲．澳门历史地图精选 [M]．北京：华文出版社，2000.

[165]《中国测绘史》编辑委员会．中国测绘史 第1卷-第2卷 [M]．北京：测绘出版社，2002.

[166] 王树连．中国测绘教育史 [M]．北京：解放军出版社，2000.

[167] 张志勇．赫德与晚清外交 [M]．上海：中华书局，2021.

[168] 孙光圻．中国航海史基础文献汇编第4卷，学术卷 [M]．北京：中国海洋出版社，2015.

[169] 孙光圻．中国航海史基础文献汇编第3卷，杂史卷 [M]．北京：中国海洋出版社，2012.

[170] 孙光圻．中国航海史基础文献汇编第2卷，别史卷 [M]．北京：中国海洋出版社，2009.

[171] 孙光圻．中国航海史基础文献汇编第1卷，正史卷 [M]．北京：中国海洋出版社，2007.

[172] 诏安县地方志编纂委员会．诏安县志 [M]．北京：方志出版社，1999.

[173] 中国人民政治协商会议厦门市同安区委员会文史资料委员会编．同安文史资料 第27辑 [M]．厦门：中国人民政治协商会议厦门市同安区委员会文史资料委员会，2009.

［174］陈梦雷篆辑．（钦定）古今图书集成 职方典［M］．上海：上海中华书局，1934.

［175］李廷燮．樗村先生文集［M］．韩国：景仁文化社，1998.

［176］诸世禧．月谷先生文集［M］．韩国：景仁文化社，1997.

［177］李震相．寒洲先生文集［M］．韩国：景仁文化社，1999.

［178］杜臻．粤闽巡视纪略［M］．上海：上海古籍书店，1979.

［179］郭振家主编；厦门市地方志编纂委员会办公室编．厦门年鉴 2003［M］．厦门：鹭江出版社，2003.

［180］中国港口杂志社．中国港口年鉴 2013 年版［M］．上海：中国港口杂志社，2013.

［181］交通部基建管理司编．水运工程技术四十年 1951－1990［M］．北京：人民交通出版社，1996.

［182］许明枝主编；龙海市人民政府，龙海市地方志编纂委员会编．龙海年鉴 2005-2006［M］．龙海：漳州翰林印刷有限公司，2004.

［183］厦门市发展计划委员会，厦门市重点项目前期办公室．厦门市重点建设项目简介［M］．厦门：厦门市发展计划委员会，2002.

［184］林丽萍主编；厦门市图书馆编．新中国厦门 65 周年纪事 下［M］．厦门：厦门大学出版社，2016.

［185］虞和平主编．中国抗日战争史料丛刊 441 经济 交通［M］．郑州：大象出版社，2016.

［186］闵梦得修．（万历癸丑）漳州府志［M］．厦门：厦门大学出版社，2012.

［187］李维钰，沈定均，吴联薰等．中国地方志集成．福建府县志辑．光绪漳州府志［M］．上海：上海书店出版社，2000.

[188] 陈佳荣，朱鉴秋．中国历代海路针经 [M]．广州：广东科技出版社，2016.

[189] 中国地理学会历史地理专业委员会，《历史地理》编辑委员会编．历史地理 第三十辑 [M]．上海：上海人民出版社，2014.

[190] 柯渊深编辑、林本谅校核．石码史事 辑要 [M]．政协龙海市文史资料委员会，1993.

后 记

本书为 2022 年度厦门市社会科学普及出版资助项目，特别感谢厦门市社会科学规划办公室的支持。

本书中有不足之处，敬请读者指正。

编者

2022 年 6 月